AF461352

CARNET

DE LA

SABRETACHE

Revue militaire rétrospective

PUBLIÉE PAR LA SOCIÉTÉ « LA SABRETACHE »

PARAISSANT PROVISOIREMENT TOUS LES DEUX MOIS

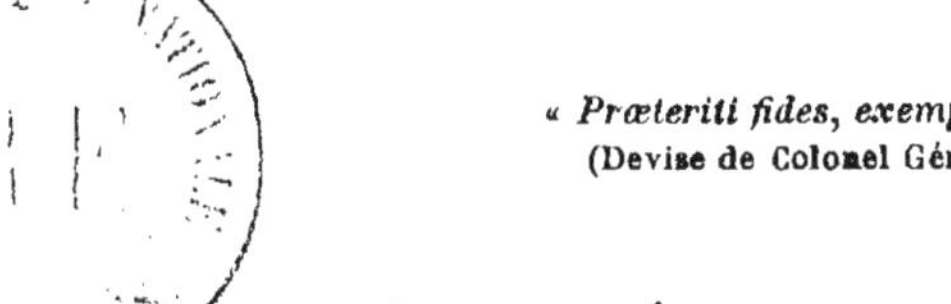

« Præteriti fides, exemplumque futuri. »
(Devise de Colonel Général Infanterie.)

TROISIÈME SÉRIE

Dans ce N° : La glorieuse remise
de **Magdebourg** en 1814
Par Henri DEFONTAINE

N° 292. – NOVEMBRE-DÉCEMBRE 1924. 9, RUE SAINT-GEORGES, PARIS

SOMMAIRE

Point. En même temps, on retira de l'île de Nevis les soldats et le pavillon du Roi de France. L'évacuation était complète et définitive (1).

Quoi qu'il en soit, nous ne saurions oublier la date du 12 février 1782 : c'est celle d'une victoire française.

Joseph Durieux.

---

(1) *Sources manuscrites.* — Ministère de la Guerre : Contrôles des régiments ; correspondance, travail du Roi. — Archives nationales : Colonies F[3] 53. Mémoires historiques sur Saint-Christophe de 1688 à 1784 ; Marine B[4] 184, 195, 205, Campagne de 1780-1782 dans les Antilles.

Iconographie. — L'attaque de Brimstone-Hill, dessinée par Le Paon, peintre du Prince de Condé, a été gravée en 1783 par Nicolas Ponce, graveur du comte d'Artois, à Paris, rue Saint-Hyacinthe. La gravure mesure 121 m/m. × 173 m/m. La vue est prise entre le fort Charles et le ravin de Molener. Cette planche porte le n° 13 du Recueil de Ponce et Godefroy. Cf. *Collection Hennin*, n° 9882, Tome 113, page 42 ; et *Collection de Vinck*, n° 1188.

Il existe aussi dans la collection Hennin une pièce allégorique n° 9883 par le marquis de Bouillé, peinte par Kabon avec huit personnages. Signalons également une maquette de tapisserie faite par ordre du Gouvernement français en 1783, haute de 3 m. 20 et large de 2 m. 08, propriété du Mobilier national, actuellement au Musée de la Légion d'honneur. Cette maquette se trouve reproduite dans Doniol, *Histoire de la Participation de la France à la guerre de l'Indépendance* et dans le *Catalogue*, paru en 1893, de l'Exposition historique des Souvenirs franco-américains de la guerre de l'Indépendance.

LES GÉNÉRAUX
LE MAROIS & DE VALAZÉ
ET LA
GLORIEUSE REMISE DE MAGDEBOURG
EN 1814

Ce n'est pas sans éprouver une juste et noble émotion, que l'historien compulse aux *Archives historiques de la Guerre* certain *carton* intitulé : « *Pièces relatives à la Grande Armée — Remises de places — Correspondance de mai à décembre* 1814. » Ce carton présente, en effet, classées *jour par jour*, les lettres et les rapports des gouverneurs des places en état de blocus et ceux des commissaires français chargés de les rendre à l'ennemi, son possesseur antérieur. Celui-ci les reprend d'ailleurs avec un orgueil d'autant plus ridicule qu'il ne doit ce bénéfice qu'aux traités et à la duplicité de ceux qui les rédigèrent. En voyant tomber, une à une, les *pierres précieuses* de cette couronne impériale, encore sans rivale, que la valeur française et le génie d'un *surhomme* avaient donnée à la France, diadème dont les rayons ont encore laissé des feux autour de son front, tant l'éclat en est resté incomparable autant qu'incroyable aux yeux de l'étranger; en voyant cette immense fortune se disperser à tous les vents de l'Europe,

JEAN-LEONARD-FRANÇOIS LEMAROIS,

COMTE DE L'EMPIRE.

Gal de division, Aide-de-Camp de S. M. Grand-Officier de la Légion d'Honneur,

Né le 17 Mars 1776 à Bricquebec, dép.t de la Manche.

(Communication de M. Henri DEFONTAINE)

en lisant cette correspondance quotidienne classée jour par jour, on oublie l'époque à laquelle nous sommes, et nous nous surprenons à vivre un moment avec les sentiments de ces Français de 1814, tenus de contenir leur légitime indignation d'avoir à remettre les clefs d'une place — la première alors de la Prusse — sans combat, « par ordre du Roy ».

C'est de ce carton que nous avons extrait la presque totalité des matériaux qui nous ont servi à construire ce modeste monument, qui, à défaut d'autre mérite, aura celui de mettre au jour des documents inédits restés jusqu'ici dans l'oubli et qui méritaient de voir le jour. Les événements militaires de 1814 ne se bornent pas à la campagne de France, il s'en faut, et parmi tant de faits à peine connus sous leurs noms, et ignorés dans leurs détails, certaines remises de place affectèrent un tel caractère de grandeur, de noble dignité dans l'obéissance passive, que le titre laconique de l'immortel ouvrage d'Alfred de Vigny est celui qui conviendrait le mieux pour les qualifier : « *Grandeur et Servitude militaires* », sinon la belle et fière devise française par excellence : *Honneur et Patrie !*

C'est pourquoi, si riche de gloire que soit le patrimoine de la France, elle ne peut négliger de revendiquer celle de la défense de Magdebourg, et la glorieuse remise qui s'ensuivit après un blocus de six mois. Et ce n'est pas en vain qu'il faut qualifier de ce terme de *remise* l'acte qui rendit la place au gouvernement prussien, car on remettait cette ville, on ne la cédait pas; on capitulait encore moins, il ne fut même jamais question de se rendre, d'où l'impossibilité d'employer les termes de cession, de capitulation, de reddition pour une place que la garnison évacua drapeaux déployés, avec armes et bagages, le jour qu'il lui plut, ne laissant à l'ennemi que ce qu'il était strictement en droit d'y trouver, et n'évacuant les lieux que par ordre formel de S. M. Louis XVIII, roi de France et de Navarre, en conformité de la convention signée le 23 avril 1814 par S. A. R. *Monsieur*, lieutenant général du Royaume.

Certes il eût été impossible de garder davantage une place aussi éloignée de France que l'était Magdebourg, et le mieux qu'on eût à faire est ce qui a été accompli. Le mérite en revient non seulement à la garnison qui perdit 12.000 hommes sur 30.000 pendant le blocus, mais au gouverneur, le général comte Le Marois, aide de camp de l'Empereur, assisté d'officiers généraux de valeur qui obéirent ponctuellement à ses ordres, et aussi au général de brigade du génie de Valazé, qui joua dans les pourparlers un rôle particulièrement difficile, et sut s'acquitter de sa mission avec autant de diplomatie et de conscience que de noblesse de caractère.

L'arrière grand-oncle paternel de l'auteur de ces lignes était alors le secrétaire civil du gouverneur de Magdebourg (1), dont l'un des descendants fut notre regretté collègue de la *Sabretache :* M. le comte Le Marois. Il nous a paru piquant, à un siècle de distance, de continuer en quelque sorte les services de notre aïeul en publiant pour la première fois cette étude qui fera mieux connaître, et à son avantage, le général Le Marois, sur lequel les documents imprimés sont d'une rareté singulière. Il serait pourtant à souhaiter que quelque historien se laisse séduire par cette figure qui fut une personnalité marquante de l'entourage de l'Empereur.

D'autre part, un autre officier, le général de brigade du génie de Valazé, nommé commissaire du gouvernement français pour la reddition de la place, et dont la carrière extraordinairement remplie est à peu près ignorée, sortira de l'oubli, pour prendre dans l'Histoire la place à laquelle ses services lui donnent incontestablement droit.

C'étaient des Normands de Normandie, et ils ne firent pas mentir la réputation faite à la race, de briller particulièrement par le bon sens, la finesse et la fermeté. Chaque partie de la France a d'ailleurs ses qualités particulières qui, amalgamées, produisent le Français de France.

En tout cas, la lecture de cette étude aura l'avantage de montrer que certains généraux surent conserver le sentiment du devoir et le bon exemple, alors que d'autres ne surent pas toujours résister à la corruption, à l'ambition, parfois même à la veulerie ambiantes, sous l'influence pernicieuse de la duplicité d'un Talleyrand, de la fourberie d'un Fouché, de la trahison d'un Marmont. La connaissance exacte des

(1) Lemor (Jacques-François-Melchior) (1761-1860). Cf. à son sujet le *Carnet de la Sabretache*, année 1913, page 386.

conditions de la remise de Magdebourg donnera peut-être aussi au lecteur l'occasion d'établir un parallèle entre la remise de Magdebourg et la capitulation de Metz, et ceci prouve que dans une place tout dépend du chef qui en a assumé la défense.

Pour nous, notre rôle s'est borné à écrire une page d'histoire, en tête de laquelle nous écrivons en épigraphe la devise de la *Sabretache : Prœteriti fides, exemplumque futuri !*

Nous avons signé cette étude le 25 juin 1914. Quarante-deux jours après, la guerre éclatait encore une fois entre la France et l'Allemagne. Nous n'avons pas cru devoir modifier notre texte en le présentant à la *Sabretache*. La duplicité des Allemands de 1921 est la même exactement que celle des Germains de 1814, comme on pourra s'en rendre compte facilement.

Pour bien se pénétrer de l'importance stratégique de Magdebourg en 1814, quelques renseignements puisés aux sources contemporaines sont indispensables. En effet, cette ville s'est tellement transformée depuis un siècle, aussi bien au double point de vue de l'accroissement de la population et de l'industrie que sous celui de l'art militaire (1), qu'un contemporain du blocus ne reconnaîtrait guère aujourd'hui dans la ville, à part quelques curieux monuments historiques restés debout — la cathédrale, par exemple — que l'Elbe, dont le cours naturel est resté immuable, et la citadelle, modernisée, dans l'île qui est située au milieu du fleuve.

Voici, brièvement, ce qu'était Magdebourg en 1814.

Magdebourg, occupée en 1806 par 22.000 Prussiens, s'était rendue sans combat à Ney qui n'avait pas 15.000 soldats. Enlevée de la Prusse par le traité de Tilsitt, elle contribua à former le royaume de Westphalie en 1807, et devint le chef-lieu du département de l'Elbe, comme ci-devant capitale du cercle de la Basse Saxe et du duché de ce nom. C'était, d'autre part, une ville commerciale d'une importance extraordinaire,

(1) C'est aujourd'hui le chef-lieu du IVe corps d'armée et la capitale de la province prussienne de Saxe, et le grand port fluvial de l'Allemagne centrale. C'est la vedette de Berlin sur l'Elbe du côté de l'ouest. Le recul des fortifications vers le nord a compris aujourd'hui dans l'enceinte les deux anciens faubourgs et les ouvrages d'art s'étendent fort loin. (N. de l'A. 1914.)

non tant par le chiffre de sa population, qui ne dépassait pas alors plus de 30.000 habitants (elle en a aujourd'hui 229.660) qu'à cause du transit considérable que l'Elbe lui donnait occasion de faire.

Magdebourg marque en effet l'ancienne porte de sortie de l'Elbe, au pied du massif du Hartz, elle est à 36 lieues de Berlin, 16 de Brandebourg, 17 de Wittemberg, 50 de Hambourg, 122 de Vienne. Elle est placée de telle sorte qu'elle commandait la route de France en Russie et sa position stratégique était telle qu'on pouvait alors la considérer comme imprenable. La place était, en effet, bornée à l'ouest, au nord et au sud par quatre rangs de fortifications et ouvrages d'art l'entourant en demi-cercle. Au nord et au sud s'étendaient deux faubourgs populeux, situés, il est vrai, en dehors des fortifications, mais protégés par des forts avancés. Enfin à l'est, la place était bornée et fortifiée naturellement par l'Elbe, dont la largeur, et surtout les nombreux et sinueux méandres lui formaient une défense vraiment extraordinaire, et comme si cela n'était pas encore suffisant au milieu même de ce dédale de rivières, surgit une île où s'élevait la citadelle (1).

Aussi Napoléon fit-il de Magdebourg un entrepôt dont l'utilité devint incontestable lors du malheureux retour de Russie, d'abord pour retarder le soulèvement de l'Allemagne, ensuite pour permettre aux troupes de se ravitailler. Et comme celles-ci revinrent dénuées de tout, il ne faudra pas s'étonner, lors de la remise de la place, de ne pas trouver davantage d'effets de toutes sortes dans les magasins, attendu que la garnison avait légitimement contribué, elle aussi, pour sa part, à utiliser les approvisionnements variés qui s'y trouvaient renfermés ; 30.000 hommes, en effet, formaient la garnison et 12.000 devaient périr pendant le blocus. Ce fut, comme l'on voit, un siège sérieux, dans les détails duquel nous n'entrerons pas, ayant en vue de traiter ici *exclusivement*

(1) On peut consulter le plan de Magdebourg aux Archives des Cartes du ministère de la Guerre, sous la cote L 14 (1.295) IL, pour se faire l'idée de la défense formidable de Magdebourg en ce temps-là.

Il existe aussi d'autres plans moins fouillés et sans grande valeur. Toutefois, celui coté L III 348 offre un intérêt relatif. Il a trait aux troupes du 6e corps assiégeant Magdebourg en 1806, et a été fait par l'état major du maréchal Ney pour le major général (Berthier).

la remise de la place, qui ne fut rendue au gouvernement prussien que sur l'ordre formel du roi Louis XVIII et en vertu du texte de l'article 3 de la convention du 23 avril 1814, signée par *Monsieur*, lieutenant général du Royaume. La place de Magdebourg ne capitula donc pas, on la remit par ordre supérieur, en vertu d'un traité politique, et son gouverneur tint la main d'une façon remarquable en tous points, à ce que non seulement la garnison sortit avec armes et bagages, mais à ce qu'aussi l'ennemi ne trouvât aucune chose, si minime soit-elle, dont il puisse se faire un trophée dans l'avenir. Ce gouverneur, qui a illustré ainsi à jamais son nom dans l'Histoire, s'appelait le général comte Le Marois (1), aide de camp de l'Empereur.

---

(1) Nous avons donné ici même (Cf. *Carnet de la Sabretache*, année 1913, p. 518) les états de service du général Le Marois, relevés aux *Archives administratives de la guerre*. D'après la même source, nous les compléterons aujourd'hui par quelques renseignements complémentaires intéressants.

Le général Le Marois était grand officier de la Légion d'honneur, grand-croix de la Réunion, grand croix de l'Ordre de l'Aigle d'or de Wurtemberg, grand officier de l'Ordre royal de Saint-Louis de Bavière, commandeur de la Couronne de fer. Il fut décoré de la croix de Saint-Louis par Louis XVIII. Il eut le 10 mars 1808, par décret impérial, une dotation de 30.000 francs de rente annuelle sur la Westphalie et une autre de 20.000 francs sur le Hanovre. Sept jours après, l'Empereur lui en accorda une troisième de 50.000 francs sur le comté de Hanau. Ces trois dotations étaient annuelles.

C'est à Letourneur (de la Manche) qu'il dut d'être envoyé à Toulon et d'y faire la connaissance de Napoléon Bonaparte, avec lequel il se lia de plus en plus, lors de son retour à Paris, et fut à ses côtés dans la journée du 13 vendémiaire et s'y signala par son zèle, ce qui lui valut de devenir l'aide de camp du général, et, peu de temps après, son témoin lors de son mariage avec Joséphine. (V. plus loin, p. 564, note 4.)

A Lodi, Le Marois eut ses habits criblés de balles; à Roveredo, il décida de la victoire sur un point important; renversé de cheval, foulé aux pieds des chevaux, il y reçut des blessures graves. Pour le récompenser, Bonaparte le chargea de porter au Directoire les drapeaux conquis. Cependant les blessures reçues à Roveredo empêchèrent Le Marois d'accompagner Bonaparte en Egypte, et celui-ci ne le retrouva à ses côtés que le 18 brumaire. Il fut encore blessé grièvement à Iéna. Commandant ensuite le cercle de Wittemberg, il réprima une insurrection en se montrant à la fois ferme et modéré. Député de la Manche au corps législatif en 1808, il devint un des vice-présidents de cette assemblée, qu'il abandonna en 1811, en raison de son éloignement constant de France. Saisissons l'occasion d'infirmer une légende, répétée dans tous les dictionnaires, affirmant que c'est au retour de la campagne de Russie que Le Marois s'enferma dans Magdebourg. Depuis le 11 février 1812, Le Marois était commandant du camp

L'importance que celui-ci attachait à la conservation de la place était telle que, même après Leipsick, même aux pires moments de la campagne de 1814, alors que tout craquait, que la trahison et le découragement étaient partout, jamais Napoléon ne songea à faire revenir cette garnison tant il sentait que Magdebourg était la clé de l'Allemagne, en cas de retour éventuel en ce pays. C'est pourquoi il y avait mis un homme en lequel il avait une confiance éprouvée, et celle-ci vraiment ne fut point trompée.

Le Marois n'avait point pris part à la campagne de Russie. Il avait même eu la clairvoyance et le courage de la désapprouver hautement, en disant : « *Qu'il ne fallait plus compter revoir Paris, à moins que ce ne soit au retour de la Chine, car on ne peut plus s'arrêter.* » Cette franchise déplut-elle à l'Empereur, et valut-elle à Le Marois de ne pas prendre part à une expédition qu'il désapprouvait, on ne sait; toujours est-il qu'il fut nommé commandant du camp de Boulogne le 11 février 1812, dans la prévision d'un débarquement tou-

---

de Boulogne, d'où il fut rappelé à Paris le 29 décembre suivant, pour être envoyé en mission à Dusseldorf en janvier 1813.

Créé comte de l'Empire le 15 juin 1808, ses armoiries furent ainsi déterminées : *Ecartelé, au 1, des comtes militaires; au 2, de sinople au cheval galopant d'argent; au 3, de sinople à la pensée du naturel; au 4e, d'azur à la croix alaisée d'or.* Un habit à sa livrée, en drap bleu ciel, galons de tapisserie aux armes, boutons de cuivre aux armes, existe au musée de Bricquebec; le chapeau est au Musée de l'Armée, avec un chapeau du général. Son sabre a été reproduit dans le *Carnet* (Exp. rétrospective de 1900).

Ce général a eu des frères qui se sont également distingués, ce sont :

Le Marois (René-Marie), né à Bricquebec (Manche), le 9 avril 1769; volontaire (1791), capitaine aux grenadiers (1798), chef de bataillon (7 sept. 1811). Officier de la Légion d'honneur, chevalier de l'Empire par lettres patentes du 16 décembre 1810, donataire (1.000 francs de rente annuelle) sur le Mont-de-Milan par décret impérial du 1er février 1808. C'était le frère aîné du gouverneur de Magdebourg.

Le Marois (Yves), né à Bricquebec (Manche), le 10 mai 1772; volontaire (1792), chef de brigade (1800), colonel (1806), tué à Eylau le 8 février 1807. Il était *commandant* de la Légion d'honneur.

Enfin il a existé un autre Le Marois, qui fut fonctionnaire civil et dont nous n'avons point à nous occuper ici, mais qu'il ne faut pas cependant confondre avec Le Marois-Dubosq (Jean-Guillaume), né à Bricquebec également, de Guillaume Le Marois et de *Catherine Dubosq*, son épouse, qui fut administrateur à Bricquebec et élu en 1811 candidat au corps législatif sans être appelé à y siéger. Les Le Marois précités étaient en effet fils de Guillaume Le Marois et de *Renée Leclerc*.

jours possible des Anglais, et il n'en fut rappelé que le 29 décembre, avec ordre de se rendre sur-le-champ à Paris, d'où il fut envoyé en mission à Dusseldorf, en janvier 1813. Des bords du Rhin, il était nommé commandant provisoire de la 25e division militaire (25 mars) poste dans lequel il était confirmé le 8 avril et nommé conjointement gouverneur de Wesel et inspecteur général du Grand Duché de Berg. Il quitta bientôt ces fonctions, car le 17 juin 1813, il était nommé gouverneur de Magdebourg.

En réalité, ces fonctions se bornèrent à celles de commandant de place jusqu'à la fin d'octobre; car jusqu'à Leipsick et Hanau, les alliés avaient trop à s'occuper des Français, mais quand novembre arriva, le blocus de Magdebourg commença et ne fut levé que par la suspension d'hostilités du 24 avril 1814. Il fut d'ailleurs assez sérieux pendant les six mois qu'il dura effectivement, pour que 12.000 hommes, sur 30.000 que comportait la garnison, aient trouvé la mort pendant ce temps, sous un climat rigoureux pour des étrangers, venus, pour la plupart, du midi de l'Europe.

Ce serait — nous ne saurions trop le redire — ce serait la matière d'un autre récit que de tracer ici l'histoire du blocus de Magdebourg, et nous préférons ne pas même effleurer ce sujet. Nous arriverons donc immédiatement à la suspension d'hostilités du 24 avril, entre assiégeants et assiégés et aux pourparlers qui amenèrent la remise de la pluce aux autorités prussiennes. C'est un épisode d'autant plus remarquable, qu'il est notoirement inconnu en ses détails, et qu'il est glorieux pour la France, grâce à ceux qui étaient chargés de la défense de la place et du soin des négociations. Aussi convient-il après un siècle de le sortir de l'oubli. On y trouverait encore aujourd'hui des leçons précieuses de diplomatie militaire et un bel exemple à suivre dans un cas semblable.

Le 23 avril 1814, les souverains alliés imposaient à la signature du Roi de France (1) un traité de paix, qui prit le titre désormais historique de *Convention* du 23 avril 1814.

Comme cet acte diplomatique fut la cause de la remise de Magdebourg, il importe, avant d'aller plus loin, de bien se pénétrer de certains de ses articles, et notamment des trois

(1) Représenté par S. A. R. *Monsieur*, lieutenant général du royaume.

premiers, si l'on veut bien comprendre pourquoi et comment Le Marois fut obligé, bien à contre-cœur, de rendre la place formidable dont il était gouverneur, aux Prussiens. Aussi, nous donnons immédiatement la teneur des trois articles en question, le troisième étant le plus important dans les pourparlers qui suivront, car il est cité à tout instant.

CONVENTION DU 23 AVRIL 1814

Article premier. — Il y aura à compter de ce jour (30 mai) (1) paix et amitié entre Sa Majesté le Roi de France et de Navarre d'une part et Sa Majesté l'Empereur d'Autriche, Roi de Hongrie et de Bohême et ses alliés de l'autre part, leurs héritiers et successeurs, leurs États et sujets respectifs à perpétuité.

Les hautes parties contractantes apporteront tous leurs soins à maintenir non seulement entre elles, mais encore autant qu'il dépend d'elles, entre tous les Etats de l'Europe, la bonne harmonie et intelligence si nécessaires à leurs pays.

Art. 2. — Le royaume de France conserve l'intégrité de ses limites telles qu'elles existaient à l'époque du 1er janvier 1792. Il recevra en outre une augmentation de territoire comprise dans la ligne de démarcation fixée par l'article suivant.

Art. 3. — Du côté de la Belgique, de l'Allemagne et de l'Italie, *l'ancienne frontière, ainsi qu'elle existait le 1er janvier 1792, sera rétablie*, en commençant de la mer du Nord entre Dunkerque et Nieuport (2) jusqu'à la Méditerranée entre Cagnes (3) et Nice, avec les rectifications suivantes, etc., etc.

Ainsi, *d'un trait de plume*, les conquêtes de la République et de l'Empire étaient réduites à néant! Et conformément à l'article 3, Magdebourg devait être rendu à la Prusse.

Dès le 24 avril eut lieu, à Magdebourg, une suspension d'armes pour informer le gouverneur des nouvelles du dehors. Celui-ci répondit qu'il ne rendrait la place que sur les ordres formels écrits et dûment en règle de son supérieur hiérarchique, devant lequel il était responsable : le ministre de la Guerre.

Le 26 avril, ces ordres parvenaient à Magdebourg, et le gouverneur dut éprouver une certaine surprise en y reconnaissant

(1) Les signatures des souverains ratifiant leurs plénipotentiaires ne furent échangées définitivement que le 30 mai suivant, en effet, et la publication *in extenso* de la Convention parut au *Moniteur Universel* du 2 juin.

(2) Prise en 1793 et devenue ville du département de la Lys, située à six lieues de Dunkerque.

(3) Bourg à une lieue de Nice.

la signature du comte Dupont (1), qui avait capitulé à Baylen avec tout son corps d'armée.

Sans observations, Le Marois prévient alors le ministre que lui, gouverneur, va informer le comte de Tauentzien, commandant le 4e corps d'armée prussien, que le 31 courant il lui remettra la place conformément à l'article 3 des conventions arrêtées par le Lieutenant général du Royaume. Cependant il convient de faire remarquer ici que cette lettre de Le Marois ne fut écrite que le 8 mai, tant il craignait voir, dans les nouvelles singulières dont on l'informait, un piège habile de l'ennemi.

En même temps que sa lettre au ministre, le gouverneur

---

(1) Dupont fut-il coupable ? Evidemment, le fait d'avoir compris dans la capitulation deux divisions qui venaient à son secours et n'étaient pas enveloppées, prête à croire à la trahison, mais on doit penser qu'il était cerné, qu'il fut deux fois blessé et qu'il signa la capitulation aux conditions les plus honorables, puisque ses troupes devaient être ramenées en France avec armes et bagages aux frais et par les soins de l'ennemi. Ce furent les Anglais et les Espagnols qui manquèrent à la parole donnée en violant d'une façon indigne les clauses du traité. Le comte Dupont de Létang avait un passé des plus honorables, une carrière des mieux remplies jusque-là, même en Espagne.

Le désastre de Baylen eut un retentissement et des conséquences considérables, au point que l'Europe fut persuadée de ce jour que Napoléon n'était pas invincible. L'Empereur, irrité de voir s'écrouler le trône de Joseph, n'osa pas aller jusqu'à faire fusiller Dupont, mais après l'avoir fait enfermer sur-le-champ au fort de Joux, il le fit traduire sous accusation de haute trahison, en février 1812, devant une Commission militaire. Dupont de Létang fut destitué de ses grades militaires, ses décorations lui furent retirées, son nom fut rayé des cadres de la Légion d'honneur, le port de l'habit militaire lui fut interdit; défense lui fut faite de porter le titre de comte, ses dotations mises sous séquestre, et sa personne transférée dans une prison d'Etat jusqu'à nouvel ordre. Quand Napoléon prit ces mesures, la campagne de Russie venait de se terminer. Les sentiments d'irritation de l'Empereur n'avaient pu que croître. De plus, l'opinion publique d'alors, réduite pour savoir les nouvelles à écouter les on-dit, vit en Dupont un grand coupable, et on alla jusqu'à dire qu'il ne s'était rendu que pour sauver son fourgon contenant un million, sa fortune. Faut-il donc s'étonner qu'appelé au ministère de la Guerre par un nouveau régime, Dupont, aigri à son tour jusqu'au fond de l'âme, se soit livré à une hécatombe de destitutions, au gaspillage de la Légion d'honneur et à de nombreuses nominations de complaisance dans l'armée. Quoi qu'il en soit, il est à désirer dans l'intérêt de l'Histoire que quelque jour la vérité éclate en montrant les faits sous leur véritabe jour. Jusque-là, on peut voir en Dupont une victime de la fatalité ou des circonstances.

A titre indicatif, cf. l'ouvrage en 3 forts vol. in-4° de notre regretté collègue M. le Lieutenant-colonel Titeux, sur « Le général Dupont. — Une erreur historique. » *Puteaux*, 1903.

(N. de l'A.)

ÉTAT DES MOYENS DE TRANSPORT

QUI ONT ÉTÉ FOURNIS AUX TROUPES ÉTRANGÈRES ET OFFICIERS ISOLÉS, AINSI QU'AUX CONVALESCENTS DE TOUTES ARMES QUI ONT ÉVACUÉ LA PLACE DE MAGDEBOURG LE 16 MAI 1814.

DÉSIGNATION DES CORPS ET DES OFFICIERS ISOLÉS	FORCE			MOYENS DE TRANSPORT				LIEUX SUR LESQUELS ILS ONT ÉTÉ DIRIGÉS	OBSERVATIONS
				VOITURES					
	Officiers	Troupe	Chevaux	à 4 colliers	à 3 colliers	à 2 colliers	CHEVAUX de ait		
Troupes polonaises....	5	39	12	1	»	»	»	Francfort-sur-l'Oder	Ont ordre de s'arrêter à Coblentz où ils recevront des ordres du Prince Constantin.
— hollandaises..	32	549	»	16	»	»	16	Brême	
— napolitaines..	9	152	6	2	»	»	»	Augsbourg	
— italiennes.....	17	983	16	13	»	»	2	id.	
— espagnoles....	21	502	4	8	»	»	»	id.	
— croates........	25	586	4	12	»	»	»	Leipsick	
Pionniers espagnols...	2	78	»	2	»	»	»	Strasbourg	
Dépôt des convalescents français........	17	889	18	100	»	»	»	Metz	Ils sont partis avec 9 officiers de santé.
MM. les capitaines Perrier, Gérard, Marc, Dieudonné et le chef de bataillon Vaccha.	5	»	»	»	»	1	8	En mission. Partent pour assurer les logements et les vivres aux troupes.	
TOTAUX.......	133	3.772	60	154	»	1	26		

ÉTAT SOMMAIRE DES TROUPES

COMPOSANT LE CORPS D'ARMÉE QUI FORME LA GARNISON DE MAGDEBOURG

AU 8 MAI 1814

DIVISIONS DES CORPS	PRÉSENTS SOUS LES ARMES			AUX HOPITAUX DU LIEU		EFFECTIF			CHEVAUX
	Officiers	Troupe	Total	Officiers	Troupe	Officiers	Troupe	Total	
Division Lemoine	205	4.894	5.099	8	1.266	213	6.160	6.373	33
— Lanusse	209	4.887	5.096	2	677	211	5.564	5.775	34
Artillerie du général Seroux	73	1.901	1.974	»	203	73	2.104	2.177	390
Cavalerie du colonel Bourcier	106	2.171	2.277	3	304	109	2.475	2.584	697
Génie du colonel Baraillon	14	692	706	»	52	14	744	758	16
Corps isolés (1)	28	828	906	1	123	29	1.001	1.030	24
TOTAUX	635	15.423	16.058	14	2.625	649	18.048	18.697	1.194

Certifié conforme aux situations remises par les corps par nous adjudant commandant chef de l'État-Major du Gouverneur.

Signé : (ILLISIBLE.)

(1) Dont un officier et 10 guides du Prince de Neuchâtel ; le Prévôt et 8 gendarmes.

demande des instructions précises et joint l'état de la garnison que nous trouverons ci-après. Des 30.000 hommes qu'elle comptait au début du blocus, en septembre 1813, elle se trouvait réduite à 18.697, dont 2.625 malades ou convalescents, ce qui ne donnait que 16.058 militaires de tous grades en état de porter les armes.

On nous permettra, par ailleurs, d'anticiper sur les événements, en plaçant ici un *état des moyens de transport fournis aux troupes étrangères, etc.*, à la date du 16 mai suivant. L'intérêt de cet état est l'énumération complète des troupes étrangères entrant dans la composition de la garnison, et au sujet desquelles des négociations particulières vont être entamées bientôt.

Deux *commissaires* furent nommés chacun par leur gouvernement respectif. Ce furent, pour le gouvernement français, le général de brigade du génie de Valazé (1), et pour le gou-

(1) Valazé (Eléonore-Bernard-Anne-Christophe-Zoa Dufriche de), né le 12 février 1780, à Essay (Orne), fils de Charles-Eléonore Dufriche, sieur de Valazé, et de noble dame Anne-Charlotte-Jacqueline-Bernardine de Broë, marié le 3 octobre 1819 à Mme Vve Agasse (Louise-Suzanne-Zoé), fille de M. Millot, ancien négociant, demeurant à Paris, « ayant, quant à elle, 10.000 francs de rentes et à venir pour moitié la fortune de ses père et mère. » (M. Agasse était chevalier de la Légion d'honneur, ex-garde des Archives et chef de la Secrétairerie d'Etat, et l'un des gentilshommes servant le Roi).
chef de la Secrétairerie d'Etat, et l'un des gentilshommes servant le Roi).

Le général de Valazé était le fils du député de l'Orne qui fut chargé du rapport sur les faits imputés à Louis XVI, et s'acquitta de sa mission avec impartialité. Ce représentant du peuple avait voté en ces termes la mort du roi : « Il y a longtemps que j'ai manifesté mon vœu le plus positif pour la suppression de la peine de mort; il ne faut pas la supprimer dans l'instant même où il s'agit de juger le plus grand coupable. » Condamné à mort sous la Terreur, le député Valazé se frappa mortellement d'un coup de stylet. Deux ans après, une pension nationale fut accordée à sa veuve et à ses enfants. Celui d'entre eux dont nous avons à nous occuper étudia d'abord la sculpture, fut copiste dans les bureaux de la Convention, et certains de ses biographes disent qu'il fut élève de l'Ecole Polytechnique, mais nous n'en avons pas trouvé confirmation.

Etats de services du général de Valazé. — Elève sous-lieutenant du génie à l'Ecole de Metz (22 décembre 1800), lieutenant d'état-major (22 décembre 1801), capitaine en 2e de sapeurs (26 mars 1803). A reçu son brevet de lieutenant du génie (8 mars 1804). Employé à l'état-major du génie du 1er corps de la Grande Armée (1805); puis chef de l'état-major du génie de ce même corps comme chef de bataillon de 2e classe (26 décembre 1805). Chef de bataillon de 1re classe (1er mars 1808), chef de l'état-major du génie au corps d'armée de Catalogne et destiné pour le siège de Saragosse (Lannes)

vernement prussien, le colonel commandant de brigade de Lossau, chevalier de l'Ordre prussien « pour le mérite » et de la Légion d'honneur.

(17 septembre 1808). Commandant le génie du 8e corps (duc d'Abrantès), avec ordre de se rendre d'urgence à Hanau. Colonel (10 mai 1810). Chef de l'état-major du génie à l'armée de Portugal (prince d'Essling et général Suchet). Chef du génie du 1er corps du Rhin (prince de la Moskowa) (19 février 1813). Général de brigade (20 août 1813). Chef du génie de l'armée du Bobert (7 septembre 1813). Chef du génie du 11e corps (duc de Tarente) (25 décembre 1813). *Chargé de la remise de Magdebourg* (26 avril 1814). Mis en non activité; en demi-solde à Alençon (1er juillet 1814). Désigné pour le corps de S. A. R. le duc de Berry; chef du génie de ce corps (18 mars 1815). A reçu ordre d'urgence pour le 4e corps d'observation devant le 4e de l'armée du Nord (Gérard) (5 avril 1815). Désigné pour faire partie du jury d'examen de sortie de l'Ecole de Metz (1er mai 1815). Au 4e corps de l'armée du Nord, a suivi cette armée sur la Loire et l'a quittée quelque temps avant le licenciement effectué le 1er septembre pour se rendre à Paris en vertu d'un ordre de M. le maréchal duc de Tarente (août 1815). Désigné pour l'inspection de Strasbourg (30 avril 1816). Nommé commandant de l'Ecole du génie à Arras et attaché au Comité des fortifications (2 janvier-2 avril 1818). Désigné pour inspecter les divisions de Lille, Soissons, Cambrai et Mézières (7 juin 1819). Autorisation de mariage (31 août 1819). En disponibilité à partir du 1er juin (5 mai 1820). Désigné pour faire une inspection générale (6 juillet et 28 octobre 1820, 21 juin 1821). Membre (adjoint puis titulaire) du Comité du génie (1820 et 1821). Nommé membre d'une Commission chargée d'examiner les localités du casernement de Provins (31 décembre 1827). Nommé membre du jury d'examen de sortie de l'Ecole de Metz (1828). Désigné pour commander le génie de l'armée d'Afrique (10 février 1830). Ordre de rentrer en France (12 août 1830). Nommé membre adjoint du Comité du génie (3 septembre 1830). Chargé de la direction supérieure des travaux de défense de Paris (12 décembre 1830). Lieutenant général et inspecteur général des fortifications (13 décembre 1830). Remplacé dans la direction supérieure des travaux de défense de Paris (31 octobre 1832). Désigné pour présider le jury d'examen de sortie de l'Ecole de Metz et inspecter cette école; désigné pour faire l'inspection générale du 2e génie des divisions de Montpellier et de Grenoble (7 décembre 1832). Désigné pour l'inspection générale de Metz (et des troupes du génie y stationnées) et des directions de Belfort et de Strasbourg (9 juin 1834). Décédé en activité de service, lieutenant général, membre du Comité des fortifications à Nice (Piémont), le 26 mars 1838 (jouissant d'un congé de cinq mois délivré par le ministre le 5 décembre 1827). Le général de Valazé avait été élu député par deux collègues aux élections de 1834.

Campagnes, blessures et actions d'éclat. — Armée de Hanovre, sous Mortier et Bernadotte, en 1803, 1804 et 1805. Grande Armée, en vendémiaire an XIV, en 1806 et 1807, où il a pris part aux batailles d'Austerlitz et Friedland; blessé à Austerlitz. En Espagne (partie de), 1808 et 1809; siège de Saragosse où il commandait le génie. Au 8e corps, en Allemagne (partie de), 1809. En Espagne et en Portugal, en 1810, 1811 et 1812, blessé d'une balle à la tête au siège d'Astorga; blessé à la tête par une grenade au siège de Rodrigo; bataille de Bussaco; retraite de Portugal; bataille de Fuentès de

Les premiers pourparlers commencèrent à propos de bottes. Le gouverneur fit remarquer à Tauentzien que la première

Onoro; déblocus de Badajoz, déblocus de Rodrigo, affaire d'Elbodon; a dirigé les travaux des têtes de pont de Punchel, du col de Miravete et de Lugar-nuevo; en Allemagne, à la Grande Armée, en 1813; bataille de Lutzen, a fait brûler le pont des ennemis à Muhlberg-sur-l'Elbe; à la bataille de Bautzen a rompu les ponts de la Saale et du Hundsdruck. Campagne de France, en 1814; a coupé à la sape le pont d'Arcis-sur-Aube. En 1815, il suivit l'armée tant qu'elle exista. Après sa dissolution, revenant à Beauvais, il ne trouva pas le duc de Tarente et le rejoignit à Paris. Il avait suivi les princes jusqu'à Beauvais. C'est le duc de la Roche-Aymon, pair de France, qui enjoignit à Valazé de rentrer à Paris, où on lui donna des ordres pour l'armée du Nord, et ensuite pour suivre cette armée sur la Loire, ordres qu'il exécuta sans prendre part aux événements politiques et sans signer aucune adresse. En Afrique, en 1830; siège du fort l'Empereur et prise d'Alger.

Distinctions honorifiques :

1° *Décorations:* membre de la Légion d'honneur, le 14 mai 1807; officier le 10 mars 1809; commandeur le 10 août 1813; chevalier de Saint-Louis le 19 juillet 1814; chevalier de Saint-Henri de Saxe en 1809; chevalier de l'Epée de Suède le 20 mars 1820.

2° *Titres nobiliaires:* chevalier de l'Empire le 9 janvier 1810; baron le 29 juillet 1819 (armoiries accordées par le Roi et devenues définitivement les siennes): parti au 1, *d'azur au chevron d'argent accolé de 3 étoiles d'or;* au 2, *d'or au mur fortifié et ébréché de gueules, maçonné d'or et sommé d'une lance de sable.*

Le général de Valazé s'appelait *sous le Premier Empire* Dufriche-Valazé, nous lui avons ici restitué son nom exact. Il ne faut pas le confondre avec le fils de sa sœur, le général de division Le Tellier-Valazé (1812-1876), décédé sénateur de la Seine-Inférieure. Notre héros n'eut pas d'enfants. Sa veuve décéda le 26 juillet 1865, à Andilly (Seine-et-Oise).

Si le baron de Valazé n'a pas laissé d'ouvrages, il a écrit, en revanche, de nombreux articles dans l'*Encyclopédie Moderne* de Courtin et surtout dans le *Spectateur Militaire*, relativement à la fortification et à la défense des places. Une carrière aussi extraordinairement remplie ne fut pas sans exciter des jalousies. C'est ainsi que Valazé ayant été demandé par Jérôme, roi de Westphalie en février 1808, de Caux, chef de bataillon du génie, *chargé de la direction du personnel de l'armée*, écrivit dans son rapport au ministre de la Guerre, le 18 mars 1808, à propos de la solution à donner à cette affaire concernant Valazé : « *Que son avancement rapide n'est dû qu'à son nom; qu'il n'a pu, quoique ayant de l'instruction, acquérir encore toute l'expérience nécessaire pour remplir les fonctions importantes de sous-directeur, emploi auquel il s'est vu nommer presque au sortir de l'école, et qu'il n'a point exercé jusqu'ici n'ayant fait d'autre service que celui de l'armée* (sic)... *comme son avancement extraordinaire a été un sujet de jalousie parmi près de trois cents officiers par-dessus lesquels il a passé. il ne pourra résulter de sa sortie du corps qu'un bon effet, en ce qu'il fera cesser des prétentions que cet avancement a fait naître dans l'esprit des jeunes officiers.* » En marge, le ministre (Clarke) écrivit: « Proposer à l'Empereur la demande de mutation de M. Valazé si M. Valazé y consent. » Pressenti, celui-ci fit au ministre une réponse qui est un modèle de finesse:

condition pour sortir de la place était d'être chaussé à neuf avant de songer à atteindre la frontière française. Le commandant prussien fit droit à cette première requête et promit, le 9 mai, les 15.000 paires de chaussures neuves demandées. Le Marois formulait une prétention d'autant plus juste que ses magasins étaient vraiment dans une pénurie réelle quant à cet article indispensable, alors que par ailleurs, et en toutes choses à peu près, l'aisance régnait. Mais il n'était pas étonnant que non seulement la garnison, mais surtout les passages de troupes revenant en France depuis janvier 1813, aient contribué par leur ravitaillement à épuiser les magasins.

Mais en accordant les chaussures, Tauentzien demande que les caisses publiques lui soient remises du 24 avril, jour de la suspension d'armes, et que le nombre des pièces de canon soit fixé d'après la garnison française, à l'exception des troupes étrangères dont il exigea la reddition pure et simple. Il demanda si la garnison ne pouvait pas partir avant la date fixée par le gouverneur déclarant ne rien régler avant d'avoir une réponse satisfaisante sur ces points.

Comme il faut compter avec le nouveau régime, dussent en souffrir les intérêts français, et comme on sent qu'on pourrait s'impatienter à Paris, si les pourparlers traînaient en longueur, le 11 mai, Valazé écrit au ministre de la Guerre, pour l'informer que le colonel de Tauentzien *dit* ne rien régler avant de savoir si le gouverneur lui remettra sur-le-champ toutes les troupes étrangères et si la garnison ne partira pas le plus vite possible, c'est-à-dire *avant les époques fixées par le gouverneur ;* enfin si les caisses publiques ne seraient pas remises, à lui, commandant prussien, à dater du 24 avril.

A propos de ces désirs répétés, formulés sur un ton impératif

« Je suis confus de la bienveillance que Sa Majesté le Roi de Westphalie daigne avoir pour moi ; d'ailleurs, je suis comblé des bontés de Sa Majesté l'Empereur. Je serai donc parfaitement heureux de tout ce qu'on ordonnera de moi. » Le 11 mai, Napoléon faisait mettre en note de la demande de son frère : « Sa Majesté l'Empereur n'a point consenti qu'il passe au service du roi de Westphalie. » C'était reconnaître, conformément d'ailleurs à la vérité, le mérite de Valazé d'une manière éclatante. D'ailleurs, quelques mois plus tard, Napoléon donnait l'ordre à Valazé d'être rendu à Bayonne le 25 octobre, pour prendre la direction du génie au siège de Saragosse, mission dont il s'acquitta si bien qu'il y gagna la croix d'officier de la Légion d'honneur, n'ayant été promu chef de bataillon de 1re classe que du 1er mars 1808.

tout en restant poli, le commissaire français informe le ministre de la réponse qu'il a faite au commandant prussien.

« J'ai répondu que le gouverneur était disposé à évacuer la place le plus vite possible, c'est-à-dire avant le 22, et qu'il renverra les troupes étrangères si M. le comte de Tauentzien m'assure positivement :

« 1° Les vivres et moyens de transport jusqu'à la frontière de France ;

« 2° La fourniture de 15.000 paires de souliers promis par M. le comte de Tauentzien ;

« 3° La rentrée de 70.000 francs pour la solde de l'armée, promise également par M. le comte de Tauentzien ;

« 4° La continuation du traitement actuel aux malades qui resteront dans la place et leur renvoi en France par la route que doit suivre l'armée ;

« 5° D'après la suspension d'armes du 24 avril entre Messieurs les généraux comte Le Marois et comte de Tauentzien, les administrations devront être maintenues jusqu'à l'arrivée des ordres du gouvernement français ; les caisses ont été gérées et leurs fonds employés jusqu'au jour de la réunion des commissaires français et alliés ; les caisses publiques ne doivent donc être arrêtées et remises qu'à la date de ce jour, la recette de la caisse ayant été dépensée jusqu'à ce jour ;

« 6° Dans tous les cas, le nombre des pièces d'artillerie à emmener par le corps de M. le général comte Le Marois était fixé par la force de la garnison et ne peut être changé par le départ des troupes étrangères.

« Le général comte Le Marois demande pour moyens de tranports, en sus de ceux nécessaires à l'évacuation des convalescents, 130 voitures à quatre colliers pour le transport des bagages, des troupes et des employés civils, et 900 chevaux de trait pour emmener l'artillerie.

« Les magasins se remettent, mais rien ne se termine pour l'évacuation de la place, en raison de l'éloignement de M. le comte de Tauentzien, qui empêche de rien arrêter promptement.

« Aussitôt qu'on aura dit le jour où commencera l'évacuation de la place de Magdebourg, j'enverrai à Votre Excellence la distribution des colonnes et l'état des moyens de transport nécessaires pour emmener le Corps du général comte Le Marois de la frontière de France jusqu'à Metz. »

Le 12 mai, Le Marois écrit que conformément à l'article 3 de la convention du 23 avril, la force de la garnison étant de 18.000 hommes y compris les étrangers, on doit emmener 3 pièces par millier d'hommes, blessés et malades compris, et qu'il avait même l'ordre du ministre de la Guerre d'emmener toute l'artillerie de campagne. Donc il a droit à 54 canons. Il ajoute qu'il est disposé à faire remettre les pièces comptables des caisses publiques depuis le 24 avril jusqu'au 9 mai, et la recette à partir du 9 mai. Ensuite, le gouverneur déclare qu'il pouvait se passer des 70.000 francs que Tauentzien avait promis sur l'assurance que le gouvernement français devait les rendre un jour, ainsi que des souliers pour lesquels il devait passer un marché à 6 francs la paire.

Telles sont les instructions qu'il transmet à Valazé, en l'invitant à tenir la main à leur réalisation. La question du nombre des pièces à emmener étant d'une importance spéciale, les troupes étrangères entrant dans la composition de la garnison pour un quart environ.

Quant à rendre à discrétion les troupes étrangères, remettre des alliés de la veille, des camarades qui s'étaient comportés jusque-là honorablement au service de la France, il ne fallait pas demander à un Français de se livrer à une aussi lâche manœuvre, et Le Marois refusa de s'y prêter sans discussion La demande même était indigne, mais on verra par la suite jusqu'où allèrent les prétentions de la Prusse qui oubliait qu'hier encore elle n'était que l'ombre d'elle-même. La dignité et la correction des généraux Le Marois et Valazé dut en imposer certainement plus d'une fois aux Prussiens, qui n'obtinrent pas grand'chose de leurs prétentions parfois exorbitantes.

Cependant celles-ci commencèrent un moment à faire sortir Le Marois de sa patience ordinaire, et dans l'obligation de complaire au nouveau régime ainsi qu'aux Prussiens, en sortant au plus vite d'une place dont il savait qu'aucune armée ne pouvait l'obliger de partir, il écrivit pour la gouverne de Valazé, cette lettre particulière qu'il lui envoya le même jour que la précédente, avec l'espoir sous-entendu que le commissaire français, très intelligent d'ailleurs, saurait la faire voir au besoin, si les négociations n'aboutissaient pas.

Magdebourg, 12 mai 1814.

Je désire, Monsieur le Général, que vous ayez la complaisance de vous rendre à Hundisbourg, près de M. le général en chef comte de Tauentzien, nommé commissaire près S. M. le Roi de Prusse, pour la réception de la place de Magdebourg.

Il me paraît que, d'après votre correspondance et vos entretiens avec M. le comte Lutsow, M. le comte de Tauentzien veut interpréter à sa manière les conventions avec S. A. R. Monsieur, lieutenant général du royaume, et les Prussiens alliés, puisqu'à l'article 3 il est stipulé que les garnisons des places fortes occupées par les armées françaises pourront emmener l'artillerie de campagne dans la proportion de trois pièces par millier d'hommes. les malades et blessés compris.

J'ai aujourd'hui dans la place de Magdebourg 18.000 hommes restant de 30.000 que j'avais au mois de septembre dernier. Je dois, conformément à l'article 3 des conventions ci-dessus stipulées, emmener avec moi 54 bouches à feu. S. E. le Ministre de la Guerre, par sa dépêche du 2 de ce mois, me presse d'emmener toute l'artillerie appartenant à mon Corps d'Armée; ainsi, je pourrais conduire 100 bouches à feu. Mais, Monsieur le Général, encore bien que S. M. I. et R. de toutes les Russies y aye donné son assentiment, pour donner une preuve à S. Exc. M. le général en chef commandant le 4e Corps d'Armée prussien, de la joie que m'a causé le rapprochement des deux nations, qui, selon moi, doivent être toujours unies de cœur et d'intérêt, je prends sur moi de ne demander que la sortie des 54 bouches à feu, leur attirail, caissons d'infanterie, du génie, conformément à nos règlements. J'avais demandé pour demain 50 voitures attelées de deux chevaux, pour le transport des mutilés, étapes et convalescents. Comme j'en ai envoyé 1.800 qui doivent précéder le départ de mes divisions, si les voitures n'arrivent pas sur-le-champ, cela retardera d'autant le départ du Corps d'Armée. Je ne dois, conformément aux Conventions du 23 avril dernier et aux ordres de S. E. le Ministre de la Guerre de Sa Majesté Louis XVIII, avoir rendu la place que le 31 du courant : mais, Monsieur le Général, je vous ai chargé de faire savoir à M. le comte de Tauentzien que pour faire quelque chose qui puisse lui être agréable, je consentais à partir le plus tôt possible pour la France, s'il vous fournissait les transports dont j'avais besoin pour mon artillerie, bagages d'officiers, de soldats, de régiments et d'administration de mes Corps d'Armée; ainsi donc, il ne dépend plus que de lui aujourd'hui que j'évacue la place.

Si M. le comte de Tauentzien veut interpréter tout à son avantage les conventions arrêtées par la France et les puissances alliées, je lui déclare que je ne changerai rien auxdites conventions, et vous voudrez bien, Monsieur le Général, vous rendre auprès de Sa Majesté Louis XVIII, lui rendre compte des difficultés de toutes espèces et des désagréments que veut me faire essuyer M. le comte de Tauentzien.

En me mettant aux pieds de Sa Majesté, assurez-la que le Corps d'Armée que j'ai l'honneur de commander, fier d'exécuter ses ordres, saura faire respecter le nom français ou périr jusqu'au dernier pour défendre l'honneur et les droits de la France.

Si je ne vous revois pas, je vous souhaite, Monsieur le Général, un bon voyage et un plus heureux retour.

Recevez, Monsieur le Général, l'assurance de ma considération très distinguée.

Signé : Le Marois.

Cette lettre dut faire grand effet sur le commissaire prussien, qui craignit en laissant partir le commissaire français de tomber en disgrâce, ne pouvant le suivre à Paris pour y discuter des intérêts de la Prusse, et se rappelant que Le Marois était bien capable, une fois prise sa décision, de s'enfermer à jamais dans la place de Magdebourg qu'on aurait ainsi Dieu sait quand ! Aussi en référa-t-il sur-le-champ au colonel de Tauentzien, qui dut partager ses craintes, en y joignant la perspective d'un blocus sans fin avec la responsabilité fatale d'un commandement en chef effectif devant un adversaire éprouvé. Aussitôt (c'était le 13 mai) Tauentzien transigeait sur les points les plus importants, notamment, abandonnait sa demande de reddition à discrétion des troupes étrangères, celle du nombre des canons réglé d'après la force de la garnison moins celles-ci, déclara se contenter d'un certificat signé du gouverneur constatant qu'il n'y avait plus d'argent en caisse, autorisa la fourniture des vivres et moyens de transports jusqu'à la frontière de France, la continuation du traitement actuel aux malades par des médecins et pharmaciens français, etc., tant une frousse intense le prit sur-le-champ, et ceci nous démontre à un siècle de distance que les Prussiens d'aujourd'hui sont les mêmes que ceux de ce temps-là, menaçants quand ils nous croient endormis, muets quand ils nous jugent impartients et forts.

Souriant en lui-même du résultat obtenu, Valazé ne voulut point être en reste de politesse et abandonna au courant des pourparlers les 15.000 paires de chaussures promises antérieurement, et les 70.000 francs d'appointements arriérés qu'attendait la garnison. Hâtons-nous d'ajouter que les cadeaux qu'il avait l'air de faire en soupirant étaient sans valeur, autant dire qu'ils n'existaient pas, car il avait été explicitement entendu que le remboursement de cette somme et de celui du prix des chaussures devrait être fait par le gouvernement français. Enfin on fixa le premier départ au 16 mai; mais comme le dernier eut lieu effectivement le 23, les Prussiens ne gagnèrent que huit jours francs. Mais ils aspiraient depuis si longtemps à coucher sous des toits au lieu de bivouaquer à la fraîcheur des nuits !

On décida de rédiger sans plus tarder la convention de remise de la place, et le même jour Tauentzien signa la pièce suivante pour de Lassau, qui en remit le double à Valazé.

COPIE DE LA NOTE DE M. LE COMTE DE TAUENTZIEN
en date du 13 mai 1814

1° Que la garnison de Magdebourg emmènera, d'après la convention du 23 avril, 54 pièces de canon armées avec l'approvisionnement complet, ainsi qu'un caisson par compagnie de sapeurs-mineurs,

2° Que les moyens de transport demandés jusqu'ici seront immédiatement mis à la disposition des troupes, ainsi que les vivres qui seront assurés comme à toutes les troupes qui ont traversé les Etats prussiens.

3° Son Exc. M. le général comte Le Marois contractera, pour faire transporter par eau les effets qui ne pourront être transportés par terre, tel que l'équipement des cavaliers, etc. Son Exc. M. le général comte de Tauentzien facilitera les moyens de transport et assurera les paiements qui pourraient être réclamés au gouvernement français.

4° Les malades français resteront à Magdebourg et seront entretenus par entreprise, et M. le général comte Le Marrois contractera avec l'entrepreneur auquel Son Exc. le comte de Tauentzien assurera le paiement pour le gouvernement français. Les malades seront soignés par des médecins français. Au moment de leur reconvalescence, ils suivront la garnison sur la même route qu'elle a tenue et seront traités comme les troupes de la garnison.

Hundisbourg, le 13 mars 1814.

Signé : le comte DE TAUENTZIEN.

Pour copie conforme :
Le général de brigade commissaire français :
Signé : VALAZÉ.

Et le lendemain 14 mai fut enfin établie, texte français et texte allemand en regard, et en double exemplaire, la convention de la remise de la place. Elle fut signée sur-le-champ des deux commissaires français et prussien et contresignée, le 17, par Tauentzien (et Le Marois probablement, l'exemplaire français ne portant pas la signature du gouverneur où il n'est pas nommé personnellement d'ailleurs).

Le commissaire français s'empresse de faire part de l'heureux résultat des pourparlers au comte Dupont :

14 mai 1814.

Monseigneur,

Je me suis rendu hier chez M. le général comte de Tauentzien, et j'ai arrêté avec lui les bases des mesures que j'avais à prendre avec M. le colonel de Lossau pour la remise de la place de Magdebourg. Je joins ici copie de la note arrêtée dans notre entrevue.

J'ai accédé à contre-cœur à l'article des malades, mais les autres articles avaient déjà demandé une discussion si longue que je me voyais peut-être dans la nécessité de rompre un arrangement pour un objet qui ne peut pas aller à plus de 60.000 ou 80.000 francs. Il ne doit guère rester que 1.000 malades à Magdebourg.

J'ai conclu aujourd'hui, avec M. le colonel de Lossau, la convention dont je vous envoie copie. Elle doit être approuvée par M. le comte de Tauentzien. Cependant, nous pouvons de suite en commencer l'exécution, puisqu'on ne peut y changer que des choses de détail fort insignifiantes.

J'ai cru devoir refuser formellement quelques articles qui m'étaient proposés et qui ne reposaient que sur des choses de police dont nous ne devons point nous mêler, entre autres choses, de remettre à la disposition du gouvernement prussien les employés westphaliens non allemands ou français qui n'auraient pas encore rendu leurs comptes ou desquels on aurait à se plaindre...

Le général de brigade du Génie commissaire pour la remise de Magdebourg,
Signé : VALAZÉ.

Cette convention, la voici. On la lira attentivement, car elle honore à jamais le général Valazé qui l'a rédigée au mieux des intérêts français, et le général Le Marois qui en a inspiré la rédaction. Comme on pourra s'en rendre compte, la sortie de Magdebourg ne fut ni une capitulation ni une cession (car on ne céda rien, absolument rien, à l'ennemi). Ce fut la *remise* d'une place par ordre supérieur, et par un commandant en chef qui sort à la tête de ses troupes avec armes et bagages, drapeaux déployés, tambours et clairons battant aux champs. Nos héros ne reçurent cependant pas la récompense légitime de leurs services et certains allèrent même jusqu'à leur reprocher leur gloire !

CONVENTION PASSEE LE 14 MAI 1814
POUR LA REMISE DE MAGDEBOURG

De la part du Gouvernement prussien :

Au nom de Son Excellence le général d'infanterie, général en chef du 4e corps d'armée, chevalier des Ordres de l'Aigle noir et de l'Aigle rouge, grand-croix de la Croix de fer, chevalier des Ordres : pour le Mérite, de Saint-Jean (1), de Saint-Georges, Saint-Alexandre Newsky et de Sainte-Anne (2), grand-croix de l'Ordre de l'Epée (3), etc. : M. le comte de Tauentzien, par le colonel et commandant de brigade, chevalier de l'Ordre pour le Mérite, et de la Légion d'honneur : M. de Lossau.

De la part du Gouvernement français :

Par le général de brigade du corps du génie, commandant de la Légion d'honneur et chevalier de Saint-Henri de Saxe : M. de Valazé.

Les deux parties contractantes autorisées par les pleins pouvoirs de leurs autorités respectives, sont convenues, d'après le fond de la Convention passée le 23 avril à Paris, entre les deux Gouvernements, de ce qui suit :

Article premier. — *a*) La garnison française de Magdebourg évacuera la place dans l'ordre suivant, savoir :

Le 16, 17, 18 de ce mois en sortiront les éclopés et convalescents, d'après la marche arrêtée, et chaque jour en même nombre ; à laquelle fin leur seront assurés, de la part du Gouvernement prussien, les moyens de transport demandés, soit : 100 voitures par jour.

b) Les troupes étrangères faisant partie de la garnison de Magdebourg, telles que Hollandais, Illyriens, Espagnols, Italiens, Polonais, etc., partiront aussi le 16 de ce mois et se mettront en marche complètement armées.

c) Le reste de la garnison, composée de Français, partira en trois colonnes ; la première, le 19 ; la deuxième, le 21, et la troisième, le 23 de ce mois.

Art. 2. — La marche de toutes les troupes et convalescents ci-dessus dénommés aura lieu suivant la route prescrite. Les moyens de transport demandés seront fournis de la manière indiquée dans le tableau remis.

On fournira aux troupes pendant leurs marches les moyens de subsistance nécessaires, en rations de toute espèce, jusqu'à la frontière de France, suivant les conditions stipulées par le traité du 23 avril.

Pour régler d'avance tout ce qui concerne la marche, les logements, les moyens de subsistance et les voitures nécessaires, un officier ou commissaire

(1) De Jérusalem (du bailliage de Brandebourg). Les Ordres précités sont prussiens.

(2) Cet Ordre et les deux précédents russes.

(3) De Suède.

sera envoyé à l'avance de la part du Gouvernement prussien sur les lieux afin d'y prendre tous les arrangements, comme pour régler les réquisitions nécessaires auprès des autorités respectives des provinces et pays par lesquels passera la garnison de Magdebourg. Chaque colonne sera de même encore devancée par un officier prussien et un officier français pour régler particulièrement la marche des vivres et les moyens de transport nécessaires à chacune de ces colonnes.

Art. 3. — Conformément à la Convention précitée passée le 23 avril dernier entre les deux Gouvernements, la garnison de Magdebourg emportera, d'après le nombre des têtes et suivant la Convention passée sur cet objet entre MM. les généraux commandant en chef S. Exc. M. le général d'infanterie comte de Tauentzien et S. Exc. M. le général de division et gouverneur comte Le Marois, 54 pièces de campagne avec l'approvisionnement complet, y compris un caisson d'infanterie par 8 bouches à feu, et pour chaque compagnie de sapeurs ou de mineurs, de même un caisson d'outils.

Les pièces consisteront en :

8 pièces de campagne de 12 avec caissons et munitions......	24	voitures
26 pièces de campagne de 6 avec caissons et munitions......	39	—
6 pièces de campagne de 4 avec caissons et munitions......	6	—
14 obusiers	42	—
Caissons à munitions pour infanterie......	7	—
Voitures de bagages......	6	—
Forges	4	—
	128	voitures

Cependant, il est convenu entre S. Exc. M. le comte de Tauentzien et S. Exc. M. le comte Le Marois, que si l'article 3 de la Convention du 23 avril pouvait à l'égard des pièces et munitions être interprétée autrement qu'elle ne l'a été jusqu'ici, M. le comte Le Marois engagera le Gouvernement français à rendre en pièces d'artillerie et en munitions ce qui aura été emmené de trop.

Art. 4. — M. le général de division comte Le Marois promet de faire transporter par eau les objets dont le transport ne pourra s'effectuer par terre, comme sont : équipages de cavalerie, de passer sur ces transports les marchés nécessaires avec les bateliers. S. Exc. le général comte de Tauentzien contribuera de sa part à faciliter ces moyens de transport par eau et garantira aux entrepreneurs le paiement *que le Gouvernement français devra acquitter.*

Art. 5. — Les malades et blessés de la présente garnison de Magdebourg qui ne pourront être transportés resteront à Magdebourg jusqu'à leur rétablissement. Ils seront entretenus par voie d'entreprise. M. le gouverneur général de division comte Le Marois passera sur cette entreprise un marché que S. Exc. M. le général d'infanterie comte de Tauentzien veut garantir à l'entrepreneur pour le paiement de la part du Gouvernement français.

Les malades seront traités par des officiers de santé français sous la direction d'un commissaire des guerres, et quand ils seront rétablis, on les fera partir par cent au moins, *et avec leur armement et équipement*, tel qu'on le leur laisse, par la même route que prendra la garnison et pendant leur marche ils seront assimilés en tout à celle-ci.

Art. 6. — M. le général de division comte Le Marois passera la remise de tous les objets concernant les magasins des vivres, subsistances et habillements, les archives (1), plans, cartes et *desseins* (*sic*) de l'état-major de la place, de l'Artillerie et du Génie, ainsi que les bouches à feu, munitions, matériaux de toute espèce, bâtiments publics, ustensiles, outils et autres objets de tout genre appartenant à ces différents services, et il fera en sorte que toute difficulté dans ces opérations soit levée et terminée à l'amiable; prendra des mesures pour que rien de ces objets ne soit distrait ou enlevé.

ART. 7. — Comme plusieurs habitants réclament encore des paiements pour matériaux fournis ou autres objets des autorités françaises, et nommément de l'Artillerie et du Génie, M. le Gouverneur voudra bien ordonner que ces créances soient recherchées et vérifiées.

Ce sera alors l'affaire des deux Gouvernements de stipuler lequel Gouvernement sera obligé de payer ces dettes. Mais dans aucun cas les débiteurs ne pourront donner en paiement aucun objet venant des magasins ou appartenant aux fortifications et à l'artillerie, et les objets détournés de cette manière devront être rendus sans nulle réserve.

Il sera pourvu de la même manière à la sûreté des créances concernant les dettes particulières.

ART. 8. — M. le Gouverneur, pour répondre à l'article 2 de la Convention du 23 avril, décrétant que toutes les sommes ordonnancées tant sur les caisses du Gouvernement que sur celles de la ville depuis le 24 avril, seront remboursées, déclarera que lesdites sommes ont été effectivement remboursées par lui et acquittées par son ordre.

ART. 9. — Si la remise des diverses provisions, des magasins, des fortifications et de l'artillerie, en un mot de tous les objets qui devront être remis aux autorités prussiennes, ne devait pas encore être terminée le 22 de ce mois, veille du départ de la dernière colonne, M. le gouverneur comte Le Marois laissera ici avec toute responsabilité ceux des Commissaires qu'il jugera les plus propres à terminer l'affaire.

ART. 10. — L'on fera transporter 6 caissons d'artillerie par eau. Le Gouvernement français passera le marché de ce transport. Le Gouvernement prussien en avancera le paiement, et M. le major Kranse, chargé de la conduite de la garnison de Magdebourg, réglera avec les Gouvernements respectifs, par les soins desquels les troupes passeront, le remboursement de cette avance au prorata de chaque district à traverser.

Le général de brigade,
Signé: Ch. DE VALAZÉ. *Signé:* V. LOSSAU.

(Contresigné par TAUENTZIEN, le 17 mai 1814.)

La remise de Magdebourg, dans ces conditions, devenait glorieuse pour nos armes, et c'était autre chose que la capitu-

---

(1) *Convention internationale du 26 avril:* ART. 31. — Les archives, cartes, plans et documents quelconques appartenant aux pays cédés ou concernant leur administration seront fidèlement rendus en même temps que le pays; ou, si cela était impossible, dans un délai qui ne pourra être de plus de six mois après la remise des pays mêmes. Cette stipulation est applicable aux archives, cartes et planches qui pourraient avoir été enlevées dans les pays momentanément occupés par les différentes armées.

(Le génie français n'en dressa pas moins un calque, admirable d'exécution conservé depuis au Dépôt des Cartes au ministère de la Guerre, et c'est grâce à ce document que nous avons pu nous former une idée précise de la défense tant artificielle que naturelle de Magdebourg.)

lation de Magdebourg par ces mêmes Prussiens après Iéna, qui s'étaient rendu sans combat, avec 22.000 hommes de garnison, aux 15.000 soldats de Ney. Pourtant, il ne restait à Le Marois que 18.000 hommes de troupe y compris les troupes étrangères que n'avait pu toucher le décret (1) général de licenciement rendu après Leipsick et Hanau, et 2.000 malades ou convalescents, ce qui faisait à peine 16.000 hommes valides.

Dès le 15 mai, Valazé écrit au ministre de la Guerre :

Monseigneur,

M. le comte de Tauentzien a signé et approuvé la convention passée entre moi et M. le colonel de Lossau.

La remise des magasins se continue, les feuilles de route ont été délivrées aux troupes étrangères qui partent le 16. Les dispositions ont été prises pour commencer le même jour l'évacuation des éclopés et des convalescents.

J'ai l'honneur d'être, etc...

Signé : VALAZÉ.

Ce n'était pas tout à fait exact quant à la *lettre*, puisque la convention ne fut signée de Tauentzien que le 17, comme on sait, mais quant à l'*esprit*, c'était la vérité, en se rappelant la lettre que Valazé avait écrite, le 14 mai, à Le Marois. Le commissaire français tenait à rassurer le ministre sur la bonne issue des négociations.

D'ailleurs, les parties contractantes s'étaient mises d'accord au point que le lendemain 16, Valazé pouvait écrire au ministre :

Monseigneur,

Les troupes étrangères sont parties ce matin et 80 voitures chargées de convalescents sont également mises en marche (2).

Et il demandait que les 18 canons de campagne restant soient embarqués et transportés en France aux mêmes conditions que les 100 caissons.

Ce même jour (16 mai) eut lieu l'établissement d'un marché en règle, conclu entre le commissaire des guerres Bergue avec Charles Maquet, négociant à Magdebourg pour passer en France les effets de harnachement et cuirasses de la cavalerie. Nous en faisons simplement mention pour montrer que l'exécution de la convention allait suivre aussi régulièrement que promptement son exécution dès ce jour.

(1) 25 novembre 1813.

(2) On trouvera l'état des étapes de ces troupes à la fin de cette étude.

Le 17 mai eut lieu le départ de la deuxième colonne, composée entièrement de convalescents.

Dans sa lettre du 16 mai au ministre, on a vu que Valazé demandait que « les 18 canons de campagne restant soient embarqués et transportés en France aux mêmes conditions que les 100 caissons ». Pressenti à ce sujet par Valazé lui-même, Tauentzien envoya la réponse suivante :

DECLARATION DU COMTE DE TAUENTZIEN

Que jusqu'au jour d'aujourd'hui aucun ordre ne lui est parvenu de la part du gouvernement prussien, que celui enfermé dans l'article 3 de la Convention du 23 avril dernier, comme quoi 3 pièces de canon à raison de 1.000 hommes soient emmenées par la garnison française qui évacue la place de Magdebourg ; mais si un ordre de la part de son gouvernement, relatif à cet article, lui parvient, il ne tardera pas de remettre au gouvernement français les 18 pièces avec les caissons y appartenant, réclamés en outre par M. le général de brigade de Valazé au delà des 54 pièces qui lui reviennent par la convention sus-mentionnée.

Le transport des 18 pièces dont MM. les Commissaires conviendront du calibre aura lieu comme le reste de l'artillerie retournant de Magdebourg en France.

Quartier général d'Hundisbourg, le 17 mai 1814.

Signé : le comte DE TAUENTZIEN,
Général d'infanterie au service de S. M. le Roi de Prusse,
Commandant en chef le 4e Corps d'armée prussien,
Chevalier de l'ordre de l'Aigle noir et de plusieurs autres.

Il est à remarquer que le commandant prussien ne fait plus montre d'aucune arrogance, il se sent humilié devant les Français, il a hâte de les voir partir avant tout. Il laisserait bien Le Marois emporter les 18 canons restant, si celui-ci lui en exprimait le juste désir, mais le gouverneur craint à juste titre que, rentré en France, le nouveau régime ne lui tienne rigueur de son acte patriotique. Au moins, le gouverneur tiendra-t-il à exécuter l'article 5 au mieux des intérêts de ses malheureux compagnons d'armes de tous grades que la maladie va tenir encore cloués à Magdebourg, et charge-t-il le commissaire des guerres de s'entendre pour l'entreprise du service avec quelque négociant avec lequel on puisse avoir confiance. Un sieur Pierre Schmayer soumissionne, mais le commissaire rectifie certains de ses articles, au mieux des intérêts français, et l'entrepreneur accepte.

Mais ce n'est pas tout, puisque les caisses françaises sont vides, il faut la garantie du gouvernement prussien. On la demande et elle est accordée. Loin de chercher des difficultés aux Français, le commissaire du gouvernement prussien modifie seulement quelques articles au détriment de l'entrepreneur et donne la garantie demandée.

On trouvera ci-après cette soumission qui fait également honneur au commissaire des guerres qui la rédigea (Bergue ? ou Faure ?) et au général Le Marois qui en contrôla les articles certainement.

Pour en saisir la portée, on en verra ici, à gauche, l'exposé par l'entrepreneur, et à droite, la rectification par le commissaire des guerres français, avec en dessous, mais en petits caractères, les modifications apportées par le conseiller du gouvernement prussien.

PLACE DE MAGDEBOURG

HOPITAUX MILITAIRES - SOUMISSION

Je soussigné Frédéric Schmayer, *négociant, domicilié à Magdebourg, m'engage envers Son Excellence M., le Gouverneur général stipulant pour le gouvernement français à continuer d'être chargé du service des hôpitaux de la place aux clauses, conditions et prix ci-après stipulés jusqu'au départ des derniers militaires français.*

Article premier. — L'entrepreneur fournira tout ce qui sera nécessaire, tant en alimens, blanchissage de linge, le vin pour la pharmacie et bierre pour les malades, en se conformant aux dispositions du règlement et suivant les prescriptions de MM. les Officiers de santé qui doivent être conformes à ce même règlement et au formulaire pharmaceutique adopté.

Art. 2. — Il sera chargé du chauffage et de l'éclairage des salles, du blanchissage du linge, du nettoyage des cheminées et tuyaux de poêles, de la nourriture des malades, et celle des infirmiers et servants, et de leur salaire, des frais de sépulture, de la fourniture des poteries de terre ou de fayence, de la verrerie, de toutes les fournitures de légumes, beurre, lait, sel, riz, pruneaux, choux, vinaigre, laurier, genièvre et eau, dans la proportion des besoins du nombre des malades, et de toutes les fournitures de bureau d'après les besoins reconnus indispensables.

Les meubles, fournitures de lit, baignoires et ustensiles accessoires ne sont pas à la charge de l'entrepreneur.

Art. 3. — Si, par négligence, imprévoyance ou défaut de soins, l'entrepreneur laissait manquer le service, il y serait pourvu à ses frais et dépenses.

Art. 4. — Le dépensier et le portier étant responsables envers l'entrepreneur, ils seront choisis par lui, et il pourra les changer à sa volonté sans qu'il puisse en être réprimandé ni puni pour avoir pris ses intérêts et celui des malades.

Le nombre des employés ne passera pas celui fixé par le règlement.

Art. 5. — Les bandages herniaires, jambes de bois, béquilles, bougies élastiques, sondes et instruments de chirurgie seront à la charge du gouvernement français, et si l'entrepreneur en faisait l'avance, il en sera remboursé dans le mois, sur les bons des officiers de santé visés du commissaire des guerres.

Art. 6. — Les relevés de visite seront délivrés chaque jour en double expédition dont l'une devra servir aux dépensiers pour justifier de l'emploi des denrées, et l'autre pour appuyer les fournitures de l'entrepreneur. Un mouvement journalier lui sera fourni aussi chaque jour comprenant le nombre des infirmiers avec celui des malades, et la pesée de la viande mise à la marmite chaque jour. Ces pièces devront être visées par M. le Commissaire des guerres.

Art. 7. — Les directeurs seront responsables et comptables envers l'entrepreneur de tous les objets de consommation qui seront versés à l'hôpital.

Art. 8. — Le vin sera fourni à la pharmacie, à raison de 14 litres pour 1.000 malades, 12 litres pour 900, 10 litres pour 800, 8 litres pour 600, et ainsi de suite en suivant la même progression. Les médicaments et tout ce qui est relatif aux fournitures de la pharmacie ne seront pas à la charge de l'entrepreneur.

Art. 9. — La buanderie existante et les ustensiles qui s'y trouvent seront mis à la disposition de l'entrepreneur. Le linge sera fourni à raison de 2 paires de draps, 4 chemises et 4 coëffes par mois pour chaque malade. Ce qui dépassera cette quantité sera payé séparément à l'entrepreneur, d'après un état estimatif.

Art. 10. — La consommation du bois sera proportionnée aux besoins du service et au nombre des malades, à raison de 15 cordes par mois d'été et 30 par mois d'hiver pour 1.000 hommes.

Art. 11. — Les cahiers de visite de la chirurgie et de la pharmacie seront déposés exactement tous les mois à M. le Commissaire des guerres, afin qu'il puisse certifier d'après leur exactitude le montant des journées et les états de consommation qui doivent être remis à l'entrepreneur, lequel devra justifier, avec ces pièces, de toutes ses fournitures.

Art. 12. — Aucunes denrées ou liquides ne pourront sortir de l'établissement sous aucun prétexte, et s'il arrivait un délit de cette nature, il serait considéré comme un vol et puni comme tel.

Art. 13. — A compter du vingt mai, le prix de la journée des malades et des infirmiers compris, sera payé à l'entrepreneur à raison d'un franc et soixante centimes par journée, sous la condition que, préalablement, il lui sera payé l'indemnité de 1.164 francs accordée par le Conseil d'administration des hôpitaux français, et que le mois courant sera acquitté jusques y compris le 19; et en outre, sous la condition qu'il sera payé à l'entrepreneur 15 jours d'avance sur le taux du nombre des journées existantes à l'époque du vingt, et que cette avance ne pourra être retenue qu'après l'achèvement du marché, c'est-à-dire sur la dernière quinzaine. Que les paiements se feront exactement tous les quinze jours d'après les mouvements visés et arrêtés par M. le Commissaire des guerres français et qu'aucune autre pièce ne devra être exigée de l'entrepreneur pour obtenir son paiement; faute d'exactitude dans les paiements, son marché sera annulé, ce qui lui sera dû sera acquitté, et la quinzaine accordée à titre d'avance lui restera à titre d'indemnité. *Le marché est fait sous la condition aussi que le gouvernement prussien donnera une garantie pour assurer l'exactitude des paiements, sans laquelle garantie il ne sera pas conclu.*

Art. 14. — Il sera permis à l'entrepreneur de prendre connaissance de la situation du service, d'examiner la dépense et de vérifier les consommations, par conséquent d'aller lui-même, ou d'envoyer pour cet effet à l'hôpital à toute heure du jour pour prendre les informations nécessaires à fin de s'assurer que tout ce qui est destiné pour les malades ne reçoit pas d'autre destination.

Art. 15. — Les officiers traités à l'hôpital devant avoir un traitement particulier, il sera alloué à l'entrepreneur le double du prix accordé aux soldats.

Art. 16. — Les frais de sépulture seront à la charge de l'entrepreneur et il lui sera payé deux francs pour chacune d'elles.

ART. 17. — Aucun étranger au service de l'hôpital ne pourra s'introduire dans cet établissement ni y consommer aucune denrée quelconque ; les objets de consommation y versés étant destinés à la nourriture des malades, aucun autre ne pourra se permettre d'en faire usage. L'entrepreneur pourra exiger le renvoi des personnes non attachées au service.

ART. 18. — L'entrepreneur met pour condition qu'au-dessus du nombre de 900 malades, il lui sera payé un franc soixante-dix centimes par journée, qu'au-dessous de 600 il lui sera payé un franc quatre-vingts centimes et au-dessous de 400, un franc quatre-vingt-dix centimes.

ART. 19. — Toutes les denrées et liquides existant dans l'hôpital à l'époque du vingt mai seront inventoriées et estimées par experts nommés d'office, confiés au dépensier choisi par l'entrepreneur et, d'après leur estimation, ils entreront en déduction et seront retenus portions égales sur les deuxième et troisième paiements du montant des journées.

ART. 20. — Les chevaux et les voitures existant actuellement aux hôpitaux serviront au transport journalier des denrées, liquides et autres objets de consommation, le bois, la bierre et l'eau exceptés.

Fait à Magdebourg, le 17 mai 1814.

Signé : P. SCHMAYER.

17 mai 1814.

Nous, commissaire ordonnateur du corps d'armée de Magdebourg, acceptons la soumission ci-dessus qui nous a été présentée par le sieur SCHMAYER, *négociant, pour l'entretien des malades français qui restent dans la place de Magdebourg, au moyen des modifications suivantes :*

ARTICLE PREMIER. — Quelles que soient les prescriptions des officiers de santé, la viande sera fournie tous les jours, à raison d'une livre par malade ; le pain sera de pur froment bluté à vingt livres d'extraction de son ; la portion de bière sera d'un litre.

ART. 2. — Tous les objets que l'entrepreneur s'engage à fournir d'après l'article 2 le seront conformément au règlement [et ceux dont celui-ci ne] font pas mention seront fournis d'après ls besoins et la demande de M. le Commissaire des guerres français FAURE, chargé de la police de l'hôpital.

Modification du Conseiller du Gouvernement prussien. — Le blanchissage des salles, le blanchissage des bandes et compresses, l'étamage des ustensiles de cuivre, seront à la charge de l'entrepreneur.

ART. 3. — Si l'entrepreneur faisait des fournitures de mauvaise qualité, elles seront faites par M. le Commissaire des guerres ; l'entrepreneur sera obligé de les remplacer de suite, sans quoi on s'en procurera à ses frais.

ART. 8. — Le vin comme médicament sera pur et sans mélange, et naturel et de bonne qualité, rouge ou blanc, selon que l'exigeront les officiers de santé. L'entrepreneur ne pourra pas en fournir plus de 20 litres par jour pour 1.000 malades, 18 litres pour 900 malades, 16 pour 800, 14 pour 600, ainsi de suite en suivant cette proportion ; il fournira tout ce qui est nécessaire à la pharmacie, en ustensiles, charbon, papiers, farine à cataplasmes, à l'exception des médicaments dont aucun n'est à sa charge.

Modification du Conseiller du Gouvernement prussien. — Au cas où le gouvernement prussien n'accepte pas que les médicaments fussent faits par les magasins des hôpitaux, il pourra réclamer de la France le remboursement des médicaments employés depuis le 20 mai 1814.

ART. 9. — Le linge sera fourni et renouvelé dans la proportion exigée par les règlements français.

Modification du Conseiller du Gouvernement prussien. — Ces dispositions sont inexécutables, le local de la buanderie appartenant à un particulier, et les ustensiles à l'entreprise Boute et Compez. L'entrepreneur sera donc tenu à se procurer une autre buanderie, ou de prévoir des arrangements avec ladite entreprise, pour que le linge soit blanchi.

ART. 10. — Le bois sera fourni en quantité suffisante, ainsi que le charbon ; s'il y avait des abus à cet égard, M. le Commissaire des guerres FAURE les réprimera. La proposition de fournir une corde par jour pour 1.000 malades est trop faible, surtout si c'est du bois de pin que l'entrepreneur se propose de fournir.

ART. 13. — La journée de chaque malade sera payée à l'entrepreneur, savoir : de 1.000 malades et au-dessus à 800, à raison d'un franc trente centimes ; de 800 à 700, à un franc quarante centimes ; de 700 à 600, un franc cinquante centimes ; de 600 à 400, un franc soixante centimes ; depuis 400 malades jusqu'à ce que l'hôpital soit entièrement évacué, un franc soixante-cinq centimes.

Les caisses françaises étant épuisées, le gouvernement prussien voudra bien lui faire les avances des fonds pour le paiement des journées d'hôpitaux réglées comme ci-dessus, et payer à l'entrepreneur l'avance qu'il réclame, et lui acquitter tous les quinze jours le montant des sommes qui lui sont dues, d'après le certificat de M. le Commissaire des guerres français mis au bas du mouvement général de chaque quinzaine qui constatera le nombre de journées de taillement. *Ces sommes avancées par la Prusse lui seront remboursées par le gouvernement français.*

M. le Commissaire des guerres Faure réglera tous les quinze jours la retenue qui devra être faite à l'entrepreneur sur l'avance qu'il aura reçue, de manière qu'au moment de l'entière évacuation de l'hôpital, il ne restera aucune avance dans les mains de l'entrepreneur.

Il restera auprès des malades trois infirmiers-majors français. Ils seront payés par l'entrepreneur conformément aux règlements. Le surplus des infirmiers nécessaires seront dans la proportion voulue par les règlements. Ils seront nommés et payés par l'entrepreneur. Si quelques-uns d'entre eux se conduisaient mal, ils seraient punis ou même renvoyés par M. le Commissaire des guerres Faure. Dans ce dernier cas, l'entrepreneur sera obligé de les remplacer tout de suite. Il en sera de même de tous les sous-employés à la nomination du sieur Schmayer.

Art. 15. — Les officiers malades seront traités d'après les règlements. Ils auront du vin dans la proportion fixée par les règlements et d'après les prescriptions des officiers de santé.

Art. 18. — Sera exécuté, d'après les modifications réglées ci-dessus.

Article 20

Modification du Conseiller du Gouvernement prussien. — L'entrepreneur se servira des chevaux et des voitures existant actuellement dans les hôpitaux aussi longtemps qu'il y en aura, nourriture des chevaux et entretien des voitures à sa charge.

M. le Conseiller du gouvernement prussien Franke *est prié de vouloir bien garantir l'exécution du présent marché, ainsi que les paiements à faire à l'entrepreneur, et de faire droit aux réclamations que M. le Commissaire des guerres* Faure *pourrait lui faire dans le cas où l'entrepreneur ne remplirait pas toutes les conditions de son marché. — Toutes les fournitures des hôpitaux étant remises à la Prusse, M. le Conseiller du gouvernement prussien* Franke *voudra bien mettre à la disposition de l'entrepreneur toutes celles nécessaires pour le traitement des militaires français restés malades.*

Signé : (Illisiblement).

Pour copie conforme :

Le Conseiller prussien :
Signé : Franke.

Le Colonel et Commissaire du gouvernement de Russie :
Signé : de Lossau.

Le 20 mai, le Commissaire du gouvernement prussien accéda à la soumission de l'entrepreneur Schmayer, rectifiée par le commissaire ordonnateur français, en la modifiant légèrement aux articles 2, 8, 9 et 20, et en garantissant les paiements futurs à l'entrepreneur, comme le désir en était formellement exprimé à l'article 13. Cette garantie fut donnée dans les termes suivants :

Art. 13. — Je m'engage, vu que l'entrepreneur n'est pas en état de faire le service sans une avance et sans un paiement régulier, de faire l'avance demandée par l'entrepreneur et lui payer tous les quinze jours, sur des papiers en règle, sitôt que non seulement S. Exc. M. le général Le Marois, mais aussi M. le général Valazé, commissaire du Gouvernement français, auront approuvé par leurs signatures le marché passé par l'ordonnateur Fray et avec promesse au nom du Gouvernement français de faire rembourser les avances faites par le Gouvernement prussien à cet égard, sur présentation des décomptes par le Ministre plénipotentiaire prussien à la cour de France. J'ajoute encore que les autorités prussiennes ne s'occuperont jamais de l'examen des pièces sur lesquelles le paiement se fera, examen qui appartient seul au Commissaire des guerres français à Magdebourg pour la direction des hôpitaux. Le Gouvernement prussien paiera donc sur les pièces justificatives déclarées en règle par ledit Commissaire des guerres, et la France est obligée de rembourser les avances sur les mêmes pièces, sauf son recours au Commissaire des guerres.

A observer encore à l'égard de l'article 13 que le Gouvernement prussien n'avancera pas les 1.164 francs que l'entrepreneur demande pour le service antérieur au 20 mai 1814, non plus le paiement pour le service du mois de mai jusqu'au 19 y inclus.

Magdebourg, 20 mai 1814.

Le Conseiller du Gouvernement prussien,
Signé : (illisiblement).

Approuvé :
Signé : LOSSAU.

Approuvé :
Le général de brigade Commissaire français pour la remise de Magdebourg,
Signé : VALAZÉ.

Approuvé par Nous, Gouverneur Général Commandant,
Signé : LE MAROIS.

J'accepte les conditions en ce qu'elles me concernent :
Signé : F. SCHMAYER.

Un service médical, chirurgical et pharmaceutique très suffisant était laissé dans la place. On en jugera par la liste nominative ci-après :

ETAT (APRES LE DEPART DES FRANÇAIS)

du service de santé laissé à la disposition des malades en traitement à Magdebourg

Hôpital du Dôme n° 1.

Faure .... Commissaire des guerres.
Treuille de Beaulieu... Directeur.
Gailliard .... —
Lauzin .... —
Nicolot .... Capitaine inspecteur.
Bohaize .... Employé de 2e classe.
Kornsprobst .... — 3e —
Levallois .... — 3e —

MÉDECINS

Tardu .... Médecin principal.
Lucas .... — adjoint.
Fauque .... — —
Picard .... Faisant fonctions de médecin.

CHIRURGIENS

Noligny .... Chirurgien chargé en chef du service.
Texier .... — major.
Fleury .... — aide-major.
Degras .... — —
Lepley .... — sous-aide-major.
Baty .... — —
Martin .... — —
Chatel .... — —
Marion .... — —
Duzet .... — —
Lyonne .... — —
Lamontre .... — —

PHARMACIENS

Leblond	Pharmacien-major.	
Martin	—	aide-major.
Meyezzin	—	sous-aide-major.
Cellier	—	—
Vernhet	—	—
Leroy	—	—
De Kerollier	—	—
Bimrod	—	—

Le 18 mai eut lieu le départ de la troisième colonne, entièrement composée de convalescents (les derniers).

Les Prussiens se tenaient cois depuis trop longtemps; fut-ce accès de mauvaise humeur de voir s'échapper si glorieusement les Français ; fut-ce par suite d'ordres reçus de haut, et il est bien possible que ce fut pour ces deux raisons, toujours est-il que ce même jour, c'est-à-dire le 18 mai, une fois de plus, le colonel de Lossau réclama au général Valazé qu'on lui livrât à discrétion certains fonctionnaires dont liste suit, et que le départ de tous les individus employés au gouvernement westphalien fût suspendu.

Les personnes que de Lossau réclama étaient :

« MM.

« Faure, directeur des Postes westphaliennes ;

« L'inspecteur aux revues Renard ;

« Le commissaire général de Valia Schutz ;

« Le secrétaire général Lehman ;

« Lehman, observateur de l'Elbe ;

« Le maire Affuer ;

« Le ch^r Waltmann, juge du Tribunal.

« Quoique, écrit de Lossau, MM. Bercaguy, Faure et Renard soient Français, ils ont été au service de la Westphalie, c'est pourquoi ils sont responsables de rendre compte sur l'administration des provinces reconquises par les armes prussiennes pour mettre notre gouvernement au fait des indemnités à faire. Ce sont des officiers civils, et non militaires. »

Et de Lossau continue en appelant l'attention sur le fait que le colonel de Tauentzien observe que par des *ordonnances particulières* (sic) *il est défendu à tout Prussien de s'expatrier sans la permission formelle de son gouvernement et sans se rendre coupable ;* que le colonel de Tauentzien ne peut consentir en aucune manière au départ de ces personnes ; que si malgré ses réclamations, ces employés voulaient partir avec les troupes, le colonel de Tauentzien prie le comte Le Marois de les faire arrêter et de les faire remettre à la commission prussienne « à laquelle j'ai l'honneur de présider » ou qu'il permette qu'ils soient recherchés « par nos troupes » dans les premiers cantonnements de la garnison de Magdebourg. Que si Le Marois refuse, Tauentzien « dépêchera de suite un courrier pour en informer S. M. le Roi de Prusse, pour valoir cette réquisition fondée sur le droit des gens (*sic*) et sur les relations qui doivent avoir lieu entre deux nations amies (*sic*) ».

Ces prétentions extraordinaires parvinrent à Valazé, le 19 mai, et il en référa immédiatement au ministre de la Guerre, par la lettre suivante l'informant qu'il avait répondu aux prétentions des Prussiens par une fin de non-recevoir. Conçoit-on d'aller demander, — voire exiger, — d'arrêter des Français au milieu d'une armée française, sous le prétexte que ceux-ci avaient des comptes à rendre à S. M. le Roi de Prusse !

Voici cette lettre de Valazé au ministre :

Magdebourg, 19 mai 1814.

« Monseigneur,

« J'ai reçu cette nuit une lettre de M. le colonel de Lossau dont je joins ici copie. J'ai répondu que mes instructions ne m'autorisent point à me mêler de pareilles affaires, qu'elles ne me regardent en aucune façon.

« La première colonne de la garnison, commandée par le général de division Lanusse, est partie ce matin dans le plus grand ordre, forte de 205 officiers, 4.083 sous-officiers et soldats, et 444 chevaux d'artillerie et 22 bouches à feu.

« J'ai l'honneur d'être, etc.

« *Signé :* VALAZÉ. »

Effectivement, la première colonne de la garnison partit le 19, conduite par le général Lanusse (1). Le même jour fut

---

(1) Lanusse (Pierre-Robert, baron), né à Habas (Landes), le 21 novembre 1768, de Jean-Baptiste Lanusse et de Jeanne Hilliot ; en 1806, chef de bataillon et aide de camp de Murat, devint colonel du 17e de ligne après Austerlitz ; général de brigade en 1808, où il passa au service de Naples ; fit la campagne de Russie en 1812 ; général de division le 4 août 1813, puis commandant de la Légion d'honneur. Louis XVIII le décora de la croix de Saint-Louis, et il continua à faire partie de l'armée sous la Restauration ; décédé à Versailles le 3 mai 1847. Il avait un frère adjudant général, qui fut tué à Alexandrie (Egypte) en 1801.

dressé l'état général de l'artillerie, tant en bouches à feu de divers calibres que des munitions de toutes sortes de l'arsenal. Elle était sous les ordres du général Seroux (1). On y remarquera la force de la place, la quantité d'armes portatives contenues dans les magasins et, notamment, qu'il restait plus de quatre millions et demi de cartouches de fusil.

INVENTAIRE GÉNÉRAL DES BOUCHES A FEU

AFFUTS, VOITURES, MUNITIONS ET AUTRES EFFETS D'ARTILLERIE EXISTANT DANS LA PLACE DE MAGDEBOURG, A L'ÉPOQUE DU 19 MAI 1814

			Calibre	Nombre	Observations
CANONS..	de siège...	en bronze.	de 24	15	dont 5 courts.
			— 16	0.	
			— 12	64.	
			— 8	0.	
			— 6	121	dont 14 longs.
			— 4	0.	
			— 3	34	dont 1 long et 1 hors service.
			— 2	6	dont 1 long.
			— 1	3	(calibre *français*).
		en fer.....	de 24	1	(encloué).
			— 18	8	dont 1 hors service.
			— 16	2	— 2 —
			— 12	42.	
			— 8	4	— 2 —
			— 6	72	— 12 — et 2 à reparer.
			— 4	13	— 8 — — 2 —
			— 3	69	— 5 —
			— 2	54	— 5 — — 10 —
			— 1	84	— 22 — — 44 —
	de bataille.		de 12 (*prussien*)	22.	
			— 6 —	4.	
			— 3 —	28.	
			— 3 (*autrichien*)	2.	
OBUSIERS	en bronze.		de 7 pouces 7 lignes	4.	
			— 6 — 4 —	24	dont 2 de campagne.
			— 5 — 6 — (*français*)	4	— 2 bicornes.
			— 4 — 8 —	2.	
	en fer...		de 4 pouces 6 lignes	1	(encloué).
			— 3 — 6 —	1	—
			— 2 — 9 —	2.	

(1) de Seroux (Jean-Nicolas), baron de l'Empire sous la dénomination du Fay, le 20 juillet 1808; né à Paris le 3 décembre 1742; fils cadet de Pierre-François de Seroux, seigneur de Venette, commissaire des guerres, et de Marie-Françoise d'Aubray. Cadet d'artillerie le 5 juin 1755; sous-lieutenant le 1er juin 1757; chef de bataillon en 1788; lieutenant-colonel en 1791; colonel le 17 mars 1793; général de brigade le 5 février 1799; général de division le 8 février 1806. Officier de la Légion d'honneur, grand-croix de Saint-Louis. Marié le 11 mars 1778 à Catherine-Charlotte-Lazarine Le Douhens de Toulmont, dont il eut trois filles; il mourut le 5 septembre 1822. Par décret impérial du 5 octobre 1808, le baron de Seroux était donataire de 1.000 francs de rentes annuelles sur la Westphalie.

		Calibre		Nombre
MORTIERS	en bronze.	de 11 pouces	0 lignes	7.
		— 10 —	5 —	2.
		— 10	0	6.
		— 6	4 —	20.
		— 3 —	10 *cohornes*	39 sur affût.
	en fer.....	de 16 pouces	7 lignes	2 dont 1 encloué.
		— 15 —	5 —	2.
		— 15 —	0	1.
		— 13	2	2.
		12	3	10.
		11 —	1	7.
		— 10 —	9	1.
		10	6	0.
		— 10	0	6
		— 8	9	2.
		— 8	3	1.
		— 7 —	9	1.
		— 6 —	0	1 à réparer.
		— 5	5 —	1 —
		— 3 —	10 *cohornes*.	41 sur affût.
		— 3	9	1.
CARONNADES				4 hors service.

MUNITIONS

	Calibre	Nombre	
BOULETS.	de 24	160.825	dont 25.086 hors service.
	— 18	550.	
	— 16	120.	
	2	229.600	dont 8.093 hors service. Il y a 23.319 creux et 994 sont chargés.
	— 8	13 849	— 2.532
	— 6	102 568	— 3 755
	— 4	21.786	— 3.128
	— 3	57.349.	

BALLES en fer (*quintaux*) 59.719.

	Calibre		Nombre
BOMBES..	de 12 pouces	0 lignes	4.714 dont 400 hors service.
	— 11 —	5 —	150.
	— 11 —	2 —	2.014.
	11 —	1 —	826.
	— 10 —	11 —	1.508.
	— 10	7 —	8.413 dont 128 chargées.
	— 10	6 —	2.692 — 326 —
	— 10	5 —	43.583 — 82 — et 300 hors service.
	10	4	118 chargées.
	10	0	3.681.
	9	9 —	112 dont 62 hors service.
	9	2	185.
	9 —	1	2.520.
	8 —	10	1.749.
	— 8	9 —	20
	8	8	20.
	8 —	4	3.010 dont 85 hors service.
	8	3	1.974.
	7 —	10	468 dont 142 hors service.
	7 —	8	776.
	7 —	5 —	440.
	— 7 —	4 —	280 dont 134 hors service.
	6 —	11 —	238.
	— 6 —	2 —	47 chargées.
OBUS.....	de 6 pouces	4 lignes	10.001 dont 2.022 chargées.
	— 6 —	0 —	204 — 204 hors service.
	— 6 —	3 —	10 614.
	— 5 —	8 —	13.754.
	5	6 —	2.170.
	5	5	72 hors service.
	5	4 —	6.698.
	5 —	3 —	1.150.
	4 —	11 —	22.
	4 —	6 —	86.
	du calibre de 8 pour mortier à la cohorne		6.430.
GRENADES	de rempart de 3 pouces	3 à 9 lignes	27.554 dont 1.000 hors service.
	à main de 2 —	6 à 9 —	52.702 — 2.001 —

CAFFUTS (livres) 50.000.

BOITES À BALLES	à canons..	de 24	384.
		— 12	7.906.
		— 6	4.856.
		— 4	785.
		— 3	7.168.
	d'obusiers.	de 8 pouces 4 lignes	94.
		— 7 — 4 —	130.
		— 6 — 4 —	2.456.
		— 5 — 6 —	1.134.
		— 4 — 6 —	95.
	à canons..	de 24	797.
		— 12	256.
		— 6	552.
		— 4	35.
		— 3	130.
	d'obusiers.	de 7 pouces 4 lignes	84.
		— 6 — 9 —	23.

Ici l'état se continue par celui des affûts, avant-trains, châssis et coffrets ; ensuite par celui des voitures, caissons, charriots, charrettes, forges, haquets, diables et triqueballes ; enfin par celui des armes portatives, comme il est dit ci-après.

ÉTAT DES ARMES PORTATIVES

FUSILS..........	d'infanterie...	français...	10.86[illegible] tous à réparer.
		étrangers.	12.[illegible] dont 6.304 à réparer.
	de dragons français.		1.[illegible]7 — 153 —
	de rempart *étrangers*.		52.
MOUSQUETONS.	français.		1.572 tous à réparer.
	étrangers.		1.307 dont 978 à réparer.
CARABINES *étrangères*.			1.334 dont 723 à réparer.
PISTOLETS......	français.		1.480 tous à réparer.
	étrangers.		176 dont 86 à réparer.
ESPINGOLES à canon en fer.			60 hors service.
SABRES...	infanterie	d'infanterie française.	59 tous à réparer ou hors service.
		— *étrangère*.	176 —
	grosse cavalerie..	française...	2.466 dont 638 à réparer.
		étrangere..	966 tous à réparer.
	cavalerie légère...	française...	753 —
		étrangère..	55 —
	dragons.........	français...	965 —
		etrangers.	0
LANCES HAMPÉES.	françaises.		1.133 dont 289 à réparer.
	étrangères		0
BAIONNETTES D'INFANTERIE	françaises.		110.385 dont 19[illegible] à réparer.
	étrangères		18.665 — 646 — et 4.000 hors service.
COUTEAUX DE CHASSE.			200 hors service.
ÉPÉES ÉTRANGÈRES.			1.400 —
LAMES DE SABRES.	infanterie..........		539.
	grosse cavalerie....		398.
	cavalerie légère....		540.
	cavalerie *étrangère*.		2.500 hors service.
FAUX.			6 hors service.

Tire-balles :

Français	35.860
Etrangers	2.500

L'état se continue par la liste des pièces de rechange pour armes portatives, par l'état des munitions où l'on remarque

269.091 kilos de poudre ordinaire (et 5.894 kilos de poudre de démolition en mauvais état), puis :

Cartouches à boulet de 12, 6, 4, 3, 2	5.874
— à balles de 12, 6, 4, 3	3.448
— à raisin de 6	840
— d'infanterie	4.682.935
Gargousses remplies à canon de 24, 12, 6, 4, 3, 2	13.246
— — pour obusiers de 6 p. 4 l.	219

Enfin l'état se termine par la liste complète des artifices préparés, matières et ustensiles d'artifices, etc. ; puis par celle du matériel de rechange, des équipages de pont, outils d'ouvriers en fer et en bois, outils d'armuriers. Rien n'est omis, rien n'est oublié, on voit figurer jusqu'à 3 pots à colle !

Déjà la veille (18 mai) avait été établi un « Etat général du matériel du Génie existant dans les différents magasins du génie, dans les forts et ouvrages de la place de Magdebourg ; puis, en conformité de l'article 6 (établi d'après l'article 31 de la Convention internationale du 26 avril), on avait fait, d'autre part, le même jour (18 mai) l'inventaire général des papiers, mémoires, plans, tant allemands que français, appartenant au bureau et aux archives de la place de Magdebourg. Ces documents furent établis avec le même soin méticuleux, nous en éviterons la lecture fastidieuse au lecteur, mais nous tenons à souligner en passant que l'ordre le plus parfait régnait à Magdebourg aussi bien dans chaque arme que dans chaque service.

Le 19 mai, Le Marois écrit au ministre de la Guerre :

« Toutes les administrations se mettent en route le 21, à l'exception de quelques préposés comptables qui ont encore des remises à faire. Il restera environ 1.000 malades aux hôpitaux, sous la surveillance de M. le commissaire Faure, et un nombre suffisant d'officiers de santé.

« Toutes les troupes que j'ai l'honneur de conduire en France sont animées d'un excellent esprit, instruites et disciplinées, bien armées, habillées et équipées en neuf. »

La mission du commissaire français était terminée, aussi envoya-t-il sa dernière lettre au ministre ce jour. Elle forme l'épilogue de cet épisode de la vie du général Valazé ; on en prendra connaissance ici avec intérêt.

Magdebourg, 19 mai 1814.

Monseigneur,

Ce n'est pas sans difficultés que j'ai pu régler la remise de la place de Magdebourg. Votre Excellence pourra voir par la suite de mes rapports journaliers quelles espèces de difficultés j'ai eu à éprouver. Les alliés ont été toujours d'une grande politesse, mais j'ai dû sentir quelquefois bien vivement qu'ils étaient les plus forts.

J'espère que Votre Excellence verra par l'arrangement des conventions prises entre moi et les commissaires prussiens que j'ai rempli mes instructions et suivi l'esprit de la Convention du 23 avril conclue entre Son Altesse Royale Monsieur, Lieutenant général du Royaume, et les hautes puissances alliées.

. . . .

. . . .

(Suivent des détails, que l'on trouvera répétés ailleurs, sur le mouvement de sortie de la garnison.)

VALAZÉ.

A cette lettre était joint l'état des étapes de la garnison; on le trouvera plus loin pour la commodité du récit.

Le 21 mai, la deuxième colonne de la garnison quitta Magdebourg, sous la conduite des généraux Bourcier (1) et Girard (2). Le premier commandait la cavalerie. C'était la cinquième colonne en réalité qui quittait la place. Il n'y eut pas de départ la veille (20 mai) ni le lendemain (22 mai).

Le 21 mai, un procès-verbal de remise de suite aux auto-

---

(1) Bourcier (François-Antoine-Louis, comte), né au fort de la Petite-Pierre (Bas-Rhin), le 21 février 1760, de Jean-François Bourcier, officier invalide, et de Marie-Françoise Garanges. Etait adjoint aux adjudants généraux en septembre 1791; général de brigade le 29 vendémiaire an II; général de division le 24 germinal même année; se distingua au combat d'Ingolstadt; membre de la Légion d'honneur le 9 vendémiaire an XII; grand officier le 25 prairial suivant; combattit à Ulm, Austerlitz, Iéna, Wagram, etc. Se rallia à Louis XVIII, qui le fit chevalier de Saint-Louis (19 juillet 1814); mis à la retraite le 4 octobre 1816 et appelé au Conseil d'Etat en 1817. Elu député le 4 octobre 1816 par le collège électoral de la Meurthe; réélu en 1821 (vota généralement avec le centre). Décédé à Ville-au-Val (Meurthe), le 8 mai 1828.

(2) Girard (Jean-Baptiste, comte), né à Aups (Var), le 21 février 1775, de François Girard et de Françoise Chanin. Etait adjudant commandant à Austerlitz; promu commandant de la Légion d'honneur et général de brigade le 13 novembre 1806; gagna la bataille d'Ocana, en Espagne, où il passa en 1809, et y fut sérieusement blessé. L'échec qu'il éprouva à Cacérès, où il se laissa surprendre, nuisit à son avancement. Il combattit courageusement à Lutzen (2 mai 1812), fut blessé deux fois et continua cependant de se battre. En 1814, il adhéra au nouveau Gouvernement et reçut la croix de Saint-Louis. Napoléon le nomma pair de France au retour de l'île d'Elbe. Il fut blessé très grièvement à Ligny, le 16 juin 1815, et vint mourir à Paris de ses blessures le 25 du même mois. Il était officier de la Légion d'honneur. Il ne faut pas confondre le général *comte* Girard avec son homonyme le général *baron* Girard (Jean-Pierre), *dit* Vieux.

rités prussiennes des *médicaments*, *sucre* (1) et des *ustensiles* entrés au magasin des médicaments fut fait par ordre de Le Marois, et exécuté par Levauché, pharmacien-major, accompagné d'un commissaire prussien.

Les conditions imposées par l'article 7 de la convention de remise de la place furent interprétées par le gouverneur d'une manière véritablement scrupuleuse. En effet, le 22 mai, Le Marois fait connaître au ministre de la Guerre les réclamations qui peuvent être faites par les habitants relativement aux dettes de la garnison. Il déclare que les appointements de celle-ci étant arriérés, il fera retenir dessus le montant des billets contractés. De son côté, le conseiller prussien Francke fera remettre tous les billets à l'autorité administrative de Magdebourg ; il en fera de plus dresser un bordereau, accompagné desdits billets, et le ministre plénipotentiaire de Prusse à la cour de France le présentera au Ministère de la Guerre français et enverra l'argent directement à Magdebourg.

Le Marois de son côté, s'il est présent à Paris, promet de bien vouloir s'intéresser pour le prompt paiement desdits billets.

Le même jour, Le Marois signe la pièce suivante :

Déclaration relative aux dépenses payées par la Caisse de Magdebourg du 24 avril au 9 mai.

Je déclare que la dépense portée d'autre part à 72.992 fr. 96 a été acquittée par mes ordres par le receveur général du département de l'Elbe depuis le 24 avril au 9 de ce mois, jour où j'ai remis les caisses de la ville à la disposition du commissaire de Sa Majesté le roi de Prusse.

Magdebourg, le 22 mai 1814.
Le gouverneur commandant en chef,
Signé : comte LE MAROIS.

Pour copie conforme :
Le général de brigade commissaire français :
Signé : VALAZÉ.

Signé : LOSSAU.

---

(1) Le sucre était alors une denrée très chère en raison du blocus continental, et avait ainsi l'honneur d'une rubrique à part dans le titre même du procès-verbal des médicaments. Il nous souvient parfaitement avoir entendu souvent raconter que nos arrière-grands-parents paternels avaient coutume, à l'époque qui nous occupe, d'aller chercher cette denrée chez le pharmacien, au prix de 6 francs la livre, et ceci se passait justement dans l'arrondissement de Le Marois. Les épiciers n'en avaient pas dans les petites villes, car on utilisait le sucre seulement en cas de maladie.

Le 23 mai, Valazé envoie l'état des troupes qui se rendent à Metz pour distribution de vivres, fourrages et moyens de transport à leur préparer dès leur arrivée à la frontière de France.

On remarque sur cet état :

3 colonnes de convalescents partant les 16, 17 et 18 mai et fortes de 108 officiers, 2.730 sous-officiers et soldats, et 37 chevaux, avec 301 voitures à 4 colliers, et 7 à 2 colliers.

3 colonnes de troupes valides partant les 19, 21 et 23 mai et fortes de 680 officiers, 11.195 sous-officiers et soldats, et 1.711 chevaux, avec 144 voitures à 4 colliers et 1.216 chevaux de trait requis pour l'artillerie qui n'est pas attelée.

En tout revenaient donc en France, net : 789 officiers, 13.025 sous-officiers et soldats et 1.748 chevaux.

La garnison avait commencé à évacuer la place, le 16 mai, la dernière colonne en partit le 23, sous la conduite du général Lemoine. C'était la troisième colonne de la garnison, et la sixième et dernière de toutes. Avec elle, Le Marois fermait la marche. Comme le capitaine du navire quitte le dernier son bord, le gouverneur de la place avait tenu à sortir le dernier, ayant accompli sa tâche jusqu'au dernier jour, jusqu'à la dernière heure.

La première colonne partie le 16 mai de Magdebourg arriva à Metz le 16 juin, mais les troupes étrangères, qui la composaient, n'allèrent pas jusqu'à la frontière de France. On leur assigna comme on l'a vu par un état du 16 mai, des destinations *terminus* d'où elles durent regagner leur pays d'origine revenus sous la domination de leurs souverains d'autrefois. C'était la dislocation de l'Empire qui s'effectuait là aussi, mais si les Hollandais surtout voyaient avec joie la fin du blocus continental qui avait ruiné leur pays, si d'autres comme les Napolitains, les Italiens, les Espagnols quittaient sans regrets les tristes plaines d'Allemagne pour d'autres cieux plus ensoleillés, d'autres comme les Croates, avides d'aventure, regrettaient Napoléon, d'autres, et ceux-là étaient les Polonais, attendirent avec tristesse à Coblentz le prince Constantin qui les ramenait dans le Grand-Duché de Varsovie.

La dernière colonne partie le 23 mai de Magdebourg traversa la frontière de France, le 20 juin, et arriva à Metz, le

23 suivant. Ce jour-là est le dernier de l'histoire de la garnison de Magdebourg.

Nous donnons ici le tableau complet des étapes de la garnison. Toujours soucieux de la santé et du bien-être des troupes, le général en chef n'avait pas voulu fatiguer ses braves, qui depuis longtemps d'ailleurs avaient perdu dans leur service sédentaire l'entraînement nécessaire à la marche, c'est ainsi que de Konigslutter à Brunswick, l'étape est de 6 lieues, et que de Coblentz à Poltch, la distance est la même.

ÉTAT DES ÉTAPES

DE LA GARNISON DE LA PLACE DE MAGDEBOURG

FOURNI AU 19 MAI 1814

LIEUX D'ÉTAPES	Troupes étrangères et 1er convoi de convalescents	2e convoi de convalescents	3e convoi de convalescents	1re colonne de la garnison : général Lanusse	2e colonne de la garnison : généraux Bourcier et Girard	3e colonne de la garnison : généraux Lemoine et Le Marois
Magdebourg	»	»	»	»	»	»
Bonsted	16	17	18	19	21	23
Helmst dt	17	18	19	20	22	24
Konigslutter	18	19	20	21	23	25
Brunswick — *Séjour*	19-20	20-21	21-22	22-23	24-25	26-27
Salzgitter	21	22	23	24	26	28
Sersen	22	23	24	25	27	29
Nordheim	23	24	25	26	28	30
Mansfeld	24	25	26	27	29	31
Cassel — *Séjour*	25-26	26-27	27-28	28-29	30-31	1er juin-2
Nabern	27	28	29	30	1er juin	3
Gilgenberg	28	29	30	31	2	4
Marbourg	29	30	31	1er juin	3	5
Herborn — *Séjour*	30-31	31-1er juin	1er juin-2	2-3	4-5	6-7
Kirbourg	1er juin	2	3	4	6	8
Dierdorf	2	3	4	5	7	9
Neuwied	3	4	5	6	8	10
Coblentz *Séjour*	4-5	5-6	6-7	7-8	9-10	11-12
Polch	6	7	8	9	11	13
Kaysersberg (ou Kayserswert ?)	7	8	9	10	12	14
Lutzerach	8	9	10	11	13	15
Witlich	9	10	11	12	14	16
Lezerach	10	11	12	13	15	17
Trèves — *Séjour*	11-12	12-13	13-14	14-15	16-17	18-19
Saarbourg	13	14	15	16	18	20
Sierck	14	15	16	17	19	21
Thionville	15	16	17	18	20	22
Metz	16	17	18	19	21	23

Bientôt, un illustre Français allait se fixer à Magdebourg pour y terminer sa vie dans l'exil. C'était le grand Carnot, proscrit par la loi des régicides, au retour définitif des Bourbons. C'était l'homme que la patrie avait trouvé chaque fois qu'elle était en danger, et qui remplit, en 1815, avec un zèle et un dévouement que l'âge n'avait pas affaibli, les fonctions d'organisateur de la défense nationale en acceptant d'être le ministre de l'Intérieur des Cent Jours ; nommé pair de France en même temps, il allait jusqu'à sacrifier sa modestie à l'intérêt public, en acceptant le titre de comte de l'Empire, qu'il abandonna d'ailleurs aussitôt la chute définitive du régime, et que ni lui ni ses descendants ne portèrent jamais, tant les principes de l'aïeul sont pieusement respectés dans cette illustre famille. Lui aussi, en 1814, s'était couvert d'une gloire immortelle en défendant Anvers, et c'est à Magdebourg que Carnot devait mourir proscrit, le 2 août 1823.

Que devinrent, à leur rentrée en France, les héros de Magdebourg, quelles furent les récompenses que le nouveau régime leur accorda.

Laissant de côté le plus grand nombre dont nous ne pourrions nous occuper, nous ne parlerons que des officiers généraux, en terminant par le gouverneur.

Le général de Valazé fut mis en non-activité, le 1er juillet 1814, et en demi-solde, à Alençon. Toutefois, il reçut, le 19 du même mois, la croix de Saint-Louis. Le 18 mars 1815, le gouvernement le rappela cependant pour lui donner le commandement du génie du corps formé pour le duc de Berry, et comme pendant les Cent Jours, Valazé put ne pas se compromettre tout en continuant à servir, il eut cette fois encore la chance de s'en tirer avec une disgrâce de sept mois d'où sa carrière recommença, fort heureusement pour la France, aussi honorable et brillante qu'auparavant

Le général baron Lanusse fut décoré de la croix de Saint-Louis et continua à faire partie des cadres de l'armée sous la Restauration.

Le général comte Bourcier fut également fait chevalier de Saint-Louis, le 19 juillet 1814, mais fut mis à la retraite, le 4 octobre 1816.

Le général comte Girard reçut la même décoration qu'il ne devait pas porter longtemps car il trouva une mort glorieuse, le 16 juin 1815, à Ligny (1).

Le général baron de Seroux fut promu à la dignité de grand-croix de Saint-Louis.

Ainsi que les précédents, le général Le Marois s'était incliné devant le nouveau régime en le reconnaissant. Mais, loin de lui savoir gré de sa conduite admirable, on le remercia en le mettant en disponibilité, mais en le nommant chevalier de Saint-Louis. C'était une mince récompense pour quelqu'un qui se voyait privé, en outre de ses appointements d'officier général aide de camp de l'Empereur et gouverneur de place, de 100.000 francs de rentes annuelles par suppression des dotations à l'étranger (2). Il eut même beau réclamer (3) à ce sujet au Roi deux arriérés de solde, l'un de 3.000 francs pour frais de représentation comme général de division gouverneur, l'autre de 4.000 francs comme gouverneur de Magdebourg, on ne lui fit même pas l'honneur d'une réponse, du moins n'en avons-nous pas trouvé trace dans son dossier. Il fut mis en demi-solde de 7.500 francs par an.

Il ne faut donc pas s'étonner si l'Empereur appela au retour de l'île d'Elbe son ancien camarade et nomma celui-ci au commandement supérieur des 14e et 15e divisions militaires, comprenant toute la Normandie. Ce fut son emploi pendant les Cent Jours.

Après Waterloo, il arrivait à la tête de la garde nationale de Rouen au secours de Paris, quand il apprit la capitulation, il se démit aussitôt de son commandement. Le Marois fut autorisé à rentrer dans ses foyers (15 juillet 1815), mais conserva cependant quelque temps encore le commandement de la 15e division militaire. Le 30 décembre 1818, il était compris comme disponible dans le cadre de l'Etat-Major géné-

(1) Exactement, il fut blessé très grièvement dans cette bataille, mais ne succomba que le 25 juin, c'est-à-dire neuf jours après, à Paris, où il avait été évacué.

(2) Abolies par la Convention internationale du 23 avril 1814.

(3) En 1816.

ral et le 16 février 1825, Charles X le mit définitivement en retraite. Cet ancien aide de camp de Napoléon, cet ancien camarade de l'Empereur, était trop antipathique aux Bourbons. Louis-Philippe le remit en disponibilité dans le cadre de l'Etat-Major général (7 février 1831) d'où il fut bientôt mis à la retraite de nouveau par ordre (13 août 1832). Il décéda à Paris, le 14 octobre 1836. Il a sa statue à Bricquebec.

Non seulement les Bourbons ne voulurent pas récompenser le héros de Magdebourg, mais ils cherchèrent tous les moyens de le tracasser dans la retraite qu'ils lui avaient imposée. Comme, plus économe que la plupart de ses camarades, il pouvait supporter par la fortune qu'il avait acquise l'adversité, les Bourbons le placèrent, *sans qu'il s'en doutât*, sous la surveillance de la haute police militaire. Les rapports de police faits sur lui sont d'une telle stupidité qu'on serait tenté d'en sourire, si on n'y voyait percer tant de méchanceté et de sournoiserie. C'est ainsi qu'on voit, par exemple, des traits du genre de ceux-ci : « Qu'on n'a rien de précis à relever contre lui. » « Qu'il ne tient aucune étiquette, qu'il est logé dans un lieu très mesquin. » Ceci parce qu'il s'était retiré un moment dans une maison dont il était propriétaire à Saint-Lô, estimant probablement qu'avec juste raison on doit changer son train de maison quand on ne dispose plus de 170.000 francs de traitements, mais seulement de 7.500.

Pour faire du zèle, le commandant de la place de Dieppe, dont nous tairons le nom ici, écrit contre le général, dont il était alors le subalterne, une lettre de délation au Roi. Mais, pour son bonheur personnel, le général ne fit pas partie des conspirations si fréquentes à l'époque, et les agents de la police secrète furent réduits à raconter dans leurs rapports *anonymes* « qu'on doit agir avec d'autant plus de circonspection contre le général Le Marois qu'on n'a pas de fait matériel qui puisse motiver son changement de domicile » ou « qu'on l'a vu causer dans la rue avec des Anglais en voyage ». Toutes ces persécutions puériles contre un homme, dont la vie privée était inattaquable, échouèrent, mais pour la confusion de leurs auteurs, les traces en sont restées dans le dossier du héros de Magdebourg aux *Archives administratives de la Guerre* où nous les avons trouvées et même publiées depuis quelques années déjà (1).

Nous ne voudrions pas terminer cet article sans donner ici la reproduction d'un souvenir de famille qui nous est très précieux, et qui n'est autre que le cachet (2) personnel du héros de Magdebourg. Il est en argent massif, muni d'un manche en bois noir et fut laissé en souvenir par le gouverneur à son secrétaire civil, mon arrière-grand-oncle, dont j'ai eu l'occasion de dire un mot dans la préface de cette étude. On y remarquera, au centre, les initiales L M entrelacées, et les ordres de la Légion d'honneur, de la Couronne de fer et de l'Aigle d'or de Wurtemberg.

Compatriote (3) de Le Marois, mon arrière-grand-oncle devint le précepteur de ses enfants (4). Le secrétaire civil du

---

(1) Cf. J.-F.-M. Lemor (1761-1860), par H. Defontaine, Paris. In-16 colombier 1907, Lechevalier.

(2) A figuré en 1911 à l'Exposition de la Légion d'honneur et des décorations françaises, organisée au Musée des Arts décoratifs, à Paris. Mon père, qui y tenait beaucoup, m'en fit cependant don de son vivant, et lui-même le tenait de Lemor, comme il appert d'un certificat en règle que j'ai entre les mains.

(3) Le Marois était né à Bricquebec, en 1776, et Lemor à Montebourg, en 1761; ces deux localités dépendent de l'arrondissement de Valognes (Manche), ci-devant *Election* de Valognes avant la Révolution.

(4) Le général s'était marié le 1er décembre 1804, veille du sacre, et servait le lendemain matin de témoin au mariage religieux de l'Empereur, celui-ci ayant dû finir par s'incliner devant la volonté formelle du Pape, qui, informé par Joséphine elle-même de l'inexistence du mariage religieux, prévint l'Empereur qu'il ne consentirait à le sacrer qu'à la condition *sine qua non* de la régularisation antérieure, c'est-à-dire immédiate, de la célébration devant l'Eglise catholique romaine de son mariage civil. Déjà, étant aide de camp du Premier Consul, il avait signé au contrat de mariage de Bonaparte.

De son mariage avec Marie-Françoise-Constance Hopsomère, décédée près de Gand le 21 décembre 1834, le général Le Marois eut un fils et une fille. Ce furent :

1° Jules-Polydore comte Le Marois, né le 15 décembre 1802, décédé le 3 avril 1870. Député de la Manche (1834-1839-1849), il vota toujours avec l'opposition libérale. Sénateur du Second Empire, le 26 janvier 1852. Officier de la Légion d'honneur.

2° Coralie-Constance-Eléonore (1804-1828), qui épousa en 1824 Louis-Hector de Galard de Brassac, comte de Béarn, sénateur du Second Empire.

héros de Magdebourg fut certainement l'un des derniers témoins de cette époque, car, sans autre maladie que son âge avancé, il rendit l'âme le 26 décembre 1860, dans sa centième année.

Henri DEFONTAINE.

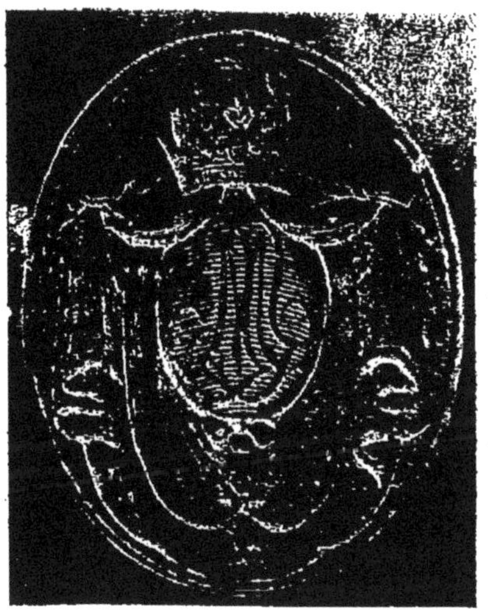

Cachet du général Comte LE MAROIS
au siège de Magdebourg

(Collection Defontaine)

OFFICIER SUPÉRIEUR DE CHEVAU-LÉGERS

(1er EMPIRE)

A PROPOS D'UNE GOUACHE INÉDITE DE CARLE VERNET

(Voir en tête de ce numéro sa reproduction en couleurs)

Nous avons, — ou nous devrions avoir — sous les yeux, un officier supérieur de chevau-légers des 1er ou 6e Régiments (1) aux tout derniers jours de l'Empire. Dans le fond s'agitent, parmi les lances, des hussards du 4e, à la pelisse rouge, et des fantassins d'allure française, qui ne permettent guère d'identification plus précise.

Les épaulettes à grosses torsades décèlent nettement le grade supérieur, et nous pouvons supposer qu'il s'agit d'un major. Les galons de l'ouverture du pont de la hongroise devraient nous renseigner, mais nous sommes là en pleine fantaisie, car nous ne pouvons voir que trois galons au lieu des cinq prévus. Or, trois galons correspondent au grade de capitaine! Serons-nous plus heureux avec le plumet? Hélas non!

Le Règlement de Bardin, qui donne aux officiers de cavalerie les mêmes plumets qu'à ceux de l'infanterie, dit textuellement, article 212 :

« Le plumet des Officiers supérieurs, qui seuls auront le droit d'en porter, sera de 300 millimètres de hauteur, non compris la partie de la tige qui entre dans le fourreau... Le plumet des colonels et colonels en second sera blanc, celui des majors et majors en second sera moitié rouge et moitié blanc, *le rouge occupant la partie supérieure.* »

Or, le rouge occupe ici la partie inférieure du plumet. D'autres menus détails sont eux-mêmes peu compréhensibles. Le ceinturon, par exemple, semble être de tissu doré ainsi que la banderole de giberne. Les teintes ont, certes, pu varier avec le temps, mais jamais la banderole de giberne ni le ceinturon représentés n'ont comporté le tissu rayé or et vert réglementaire; il en resterait quelque chose.

Alors j'hésite à conclure. Je supposais jusqu'à présent que Carle Vernet, auteur des illustrations les mieux réussies du Règlement de Bardin conservé au ministère de la Guerre, était toujours, du moins en ce qui concernait l'uniforme, d'une minutieuse exactitude. La gouache reproduite me ferait revenir quelque peu sur cette impression, car, même s'il s'agissait d'un projet — ce qui est possible —, le galonnage anormal de la culotte ne s'expliquerait toujours pas.

Et maintenant, si l'un de nos collègues avait une autre opinion, je l'accueillerais avec reconnaissance, dans l'intérêt de tous et pour ma propre instruction.

Albert DEPRÉAUX.

---

(1) Les six régiments de chevau-légers lanciers « français » créés le 18 juin 1811, se distinguaient par les couleurs des collet, revers, parements et retroussis. Le premier avait la distinction *écarlate* et le sixième *rouge*. Il est difficile, aujourd'hui, d'après l'original, de se prononcer pour l'une ou l'autre de ces deux teintes. Le numéro du régiment ne figurait pas non plus sur le portemanteau, nous en sommes réduits aux conjectures.

CHRONIQUE DU MUSÉE DE L'ARMÉE

La période qui s'étend du mois de juillet au mois de novembre est, d'une part, la morte-saison du Musée de l'Armée en ce qui concerne les dons et legs, et, d'autre part, la période d'affluence du public due aux vacances scolaires et aux nombreux étrangers qui séjournent à Paris.

1° *Dons et legs.* — A signaler seulement l'entrée au Musée de certains souvenirs provenant des salles d'honneur des régiments dissous. Le ministre de la Guerre a décidé, sur l'avis d'une Commission spéciale réunie par son ordre, que tous les anciens drapeaux ou fragments de drapeaux réglementaires de la guerre de 1870-71 ou antérieurs, seraient conservés au Musée, ainsi que certains souvenirs spéciaux comme les lettres de Sénarmont, des reliques provenant de Turenne et certains modèles d'armes qui manquaient encore aux collections. Tous les autres souvenirs ont été attribués aux corps héritiers non dissous ;

2° *Visites diverses.* — Le nombre des visiteurs dans cette période, a été de 22.000 en moyenne *par semaine* (trois jours payants, deux jours gratuits).

Quelques personnalités étrangères sont venues visiter le tombeau de Napoléon et le Musée : députés des Iles Philippines, députés canadiens, M. Uderzal, ministre de la Défense Nationale de Tchécoslovaquie, le général commandant l'Ecole de guerre de Varsovie et quarante officiers polonais, le général Rossetti, de l'armée roumaine, M. Calles, président élu de la République Mexicaine, ainsi que nombre de Sociétés alsaciennes, suisses, belges et italiennes.

BULLETIN DE " LA SABRETACHE "

La mort continue à frapper durement la *Sabretache*. Nous avons encore, à la fin de cette année, à déplorer la perte de trente-deux membres de notre Société : MM. Baudenet, conseiller d'État ; Bernard-Franck, Jean Bonnardel, Eugène Bouchon, directeur honoraire de la Société Générale à Saint-Lô ; le colonel Carlier, le marquis Amédée de Clermont-Tonnerre, Louis Delavaud, ministre de France en Suède ; le colonel Desbrière, Dupont de-Saint-Ouen, le général Faure, commandant la 11e brigade d'aviation de bombardement, Jean de Fesquet, Gérardin, notaire ; le marquis de Girardin, membre du Comité ; le lieutenant-colonel Eugène Labat, le général de division de Lacroix, ancien vice-président du Conseil supérieur de la Guerre ; de la Vallée-Poussin, consul honoraire; Albert Le Dru, artiste peintre; Georges de Lhomel; le duc de Luynes, le comte Joseph de Marcuil, ancien secrétaire d'ambassade; Henry Marmottan, le colonel Mertian, le général de division comte Henri de Mitry, ancien commandant d'armée; le général Morel, ancien commandant de l'Ecole de cavalerie; le général de division Pellé, haut-commissaire de France en Orient; Georges Quilliard, ancien sénateur; le général de division Rau, ancien membre du Comité; Charles de Rouvre, ancien député; Etienne Siry, le colonel Vigogne, Georges Virvaire et Maurice Wagner.

La *Sabretache* rend un dernier hommage à ses collègues, qui laissent derrière eux de profonds regrets, et elle conservera d'eux un pieux souvenir.

***

L'Assemblée générale extraordinaire convoquée pour le 21 juin n'ayant pu être tenue faute d'avoir réuni le nombre de présences et de pouvoirs fixé par les statuts, une deuxième Assemblée générale extraordinaire a eu lieu le samedi 18 octobre, à 16 heures, au siège social. A l'unanimité, elle a approuvé l'augmentation de cotisation proposée par le Comité et la modification aux statuts qui en est la conséquence. Le nouvel article VI des statuts se trouve ainsi libellé :

La cotisation annuelle des membres est fixée à trente francs. *En outre, tout membre nouvellement admis paye un droit d'entrée de* cinq francs. Toute la suite de l'article VI a été maintenue sans aucun changement.

***

Le trésorier prie ses collègues de vouloir bien régler leur cotisation de *trente francs* dès le début de l'année 1925 afin d'éviter les frais de correspondance et de recouvrement qui sont devenus onéreux.

Chaque membre peut racheter sa cotisation et devenir membre perpétuel en faisant un versement de *quatre cents francs*, soit en une seule fois, soit par acomptes de *cent francs* au minimum répartis sur quatre années consécutives.

M. Vicart, agent comptable de la Société, reçoit les versements tous les mercredis et tous les samedis, de 14 heures et demie à 18 heures au siège social, 9, rue Saint-Georges (9e). L'envoi d'un chèque ou d'un mandat-carte de *trente francs* (soixante francs pour les membres du Comité) est le mode de paiement le plus facile et le plus recommandé. Il ne sera pas envoyé de reçu, le récépissé de la poste en tenant lieu.

Aux termes de l'article VI des statuts, le *Carnet de la Sabretache* est adressé gratuitement à tous les membres qui ont acquitté leur cotisation.

Conformément aux dispositions de l'article XIV des statuts, le Comité a procédé à la nomination du bureau dans sa séance du 18 octobre.

Le bureau sortant a été réélu à l'unanimité des voix.

Le prochain dîner trimestriel a été fixé au samedi 27 décembre à 19 h. 30, au Cercle de la Renaissance, 12, rue de Poitiers.

AVIS IMPORTANT

MM. les Sociétaires qui ont reçu leur bon pour le *Livre d'Or*, sont instamment priés de faire prendre l'ouvrage ou de se le faire envoyer avant le 15 *décembre, dernier délai.*

Passée cette date, l'éditeur ne distribuera plus l'ouvrage et les membres de la *Sabretache* n'auront plus droit à l'exemplaire qui leur avait été réservé.

L'impression des tables decennales pour la période 1903-1912, réclamée par un grand nombre de nos collègues, entraînera une dépense considérable, à laquelle les ressources de la Société ne permettent pas de faire face.

Le Comité a donc décidé d'ouvrir une souscription pour couvrir les frais de cette publication, dont tous les éléments sont dès maintenant prêts.

Le prix de l'exemplaire est fixé à 20 francs, payables à l'apparition du volume.

Le tirage sera étroitement limité au nombre des souscripteurs. Il ne sera entrepris que lorsque le nombre des volumes demandés permettra de couvrir les frais.

MM. les membres de la *Sabretache* désireux de souscrire sont priés de s'inscrire au siège social, 9, rue Saint-Georges, soit par correspondance, soit personnellement, le mercredi et le samedi dans l'après-midi.

Dans sa séance du 14 Novembre 1924, le Comité a décidé que, à partir du 1er Janvier 1925, le " CARNET DE LA SABRETACHE " paraîtra neuf fois par an, soit une fois par mois sauf pendant les mois de Juillet, Août et Septembre.

Seule, l'augmentation de la cotisation a rendu possible cette amélioration.

DONS FAITS A LA BIBLIOTHÈQUE

COLLECTION DES HISTORIQUES :

M. BELMONT :

Infanterie. — 1er, 8e, 23e, 39e, 44e, 45e, 56e, 60e, 63e, 69e, 72e, 74e, 82e, 84e, 99e, 106e, 109e, 120e, 127e, 128e, 132e, 133e, 134e, 141e, 147e, 148e, 149e, 150e, 151e, 153e, 154e, 155e, 160e, 161e, 162e, 163e, 166e, 167e, 169e, 170e, 171e, 172e, 207e, 208e, 221e, 223e, 224e, 230e, 239e, 242e, 244e, 245e, 249e, 260e, 263e, 269e, 272e, 274e, 282e, 284e, 306e, 309e, 320e, 327e, 328e, 332e, 333e, 336e, 338e, 340e, 347e, 348e, 349e, 350e, 353e, 354e, 355e, 360e, 362e, 367e, 369e, 370e, 371e, 403e, 407e, 412e, 414e. — **Infanterie territoriale.** — 2e, 3e, 4e, 12e, 14e, 15e, 21e, 22e, 38e, 42e, 43e, 48e, 50e, 51e, 53e, 54e, 55e, 56e, 89e, 90e, 105e, 128e, 131e, 250e, 342e. — **Chasseurs à pied.** — 8e, 11e, 16e, 17e, 20e, 24e, 27e, 29e, 32e, 51e, 54e, 60e, 68e, 114e, 4e territorial. — **Zouaves.** — 3e. — **Infanterie coloniale.** — 2e. — **Légion étrangère.** — **Tirailleurs algériens.** — 6e. — **Cuirassiers.** — 3e, 4e, 5e, 6e, 11e. — **Dragons.** — 3e, 5e 14e, 17e, 20e, 21e, 26e, 28e. — **Chasseurs à cheval.** — 14e, 16e, 17e. — **Hussards.** — 9e. — **Artillerie de campagne.** — 6e, 25e, 27e, 29e, 39e, 41e, 42e, 54e, 61e, 225e, 254e, 266e. — **Artillerie lourde.** — 4e, 81e, 88e, 281 , 288e. — **Artillerie à pied.** — 1er, 3e, 153e. — **Artillerie lourde à grande portée.** — 71e, 74e. — Voie de 60e: 68e, 69e. — **Artillerie lourde hippomobile.** — 1er Groupe du 136e, 2e, 3e, 5e Groupes du 106e R. A. L. — **Artillerie de campagne d'Afrique.** — 4e, 5e, 8e Groupes. — **Artillerie coloniale.** — 2e. — **Génie.** — 1er, 8e, 21e. — **Chars d'assaut.** — 502e.

M. Pierre FOUSSE : **8e zouaves.**

M. le docteur LOMIER. — **Histoire des Régiments de Garde d'honneur, 1613-1814,** par le docteur LOMIER.

M. le général RICHARD. — **Belfort en 1813-1814, 1815, 1870-1871.** Historique succinct des trois sièges, par le lieutenant Pierre VIDAL.

Historique du 1er bataillon de chasseurs à pied, 1837-1886.

Le 2e bataillon de chasseurs à pied, par le lieutenant Paul DELAGRANGE.

Histoire du 5e bataillon de chasseurs, par le capitaine BURCHARD-BELAVARY.

13e bataillon de chasseurs à pied.

Historique du 24e bataillon de chasseurs à pied, par le lieutenant DE PARISOT DE LA BOISSE.

Le 75e mobile, par Frédéric BULOT.

Historique du 20e régiment d'infanterie, par le capitaine E. DE FONCLARE.

Historique du 39e régiment d'infanterie, par un officier du régiment.

Historique du 46e régiment d'infanterie, par le capitaine Henri CHAPERON.

Historique du 80e régiment d'infanterie, par le commandant BRISSET.

Historique du 83e régiment d'infanterie, 1684-1891, par le lieutenant PITOT.

Historique du 106e régiment d'infanterie de ligne, par le lieutenant DUCHATELET.

Historique du 4e régiment des zouaves, 1870-1888.

Noces d'argent du régiment des zouaves pontificaux, 1860-1885.

M. le baron A. CHASSERIAU. — **Duroc, duc de Frioul, Grand Maréchal du Palais impérial, 1772-1813,** par le commandant Jean de LA TOUR.

Le Secrétaire : Henry MORTUREUX.

IMPRIMERIE DUBOIS ET BAUER. *Le Gérant* : O. VICART.

L'ÉMISSION DES BONS DU TRÉSOR A DIX ANS

Emis au pair et en coupures de 500, 1.000, 10.000 et 100.000 francs, les nouveaux Bons sont productifs d'intérêts nets de 5 %, payables en deux coupons semestriels, le 25 avril et le 25 octobre. Ils sont remboursables par séries et par voie de tirages au sort effectués chaque année, à partir d'octobre 1930 et jusqu'en 1934, **avec une prime de 150 %.**

Un Bon de 500 francs, rapportant, par conséquent, 25 francs d'intérêts annuels, sera remboursé à 750 francs.

Un Bon de 1.000 francs, rapportant 50 francs d'intérêts, sera remboursé à 1.500 francs.

Un Bon de 10.000 francs, rapportant 500 francs d'intérêts, sera remboursé à 15.000 francs.

Un Bon de 100.000 francs, rapportant 5.000 francs d'intérêts, sera remboursé à 150.000 francs.

Les intérêts annuels sont exonérés d'impôts et la prime de remboursement n'est pas assujettie à l'impôt général sur le revenu.

Cette prime de remboursement est la meilleure des garanties contre le risque d'un fléchissement des cours. Si, toutefois, en raison de circonstances imprévues, une baisse venait à se produire, le Trésor pourrait aussitôt la faire cesser : il s'est, en effet, réservé la faculté de racheter en Bourse une certaine quantité de titres.

Au moment de leurs versements en espèces, billets de banque ou mandats de virement, les souscripteurs recevront sans formalité des titres provisoires qui seront échangés pour des titres définitifs avant l'échéance du premier coupon, c'est-à-dire avant le 25 avril prochain.

Tous les Français ont le devoir de collaborer au succès de l'Emprunt de toutes leurs forces et dans toute la mesure de leurs moyens.

LIBRAIRIE PLON

Général MANGIN

REGARDS sur la FRANCE d'AFRIQUE

Un volume in-16 avec quatre cartes hors texte . . . 7 fr. 50

Comte R. DE GONTAUT-BIRON et LE REVEREND

D'ANGORA A LAUSANNE

LES ÉTAPES D'UNE DÉCHÉANCE

Un volume in-8° écu . . . . 10 fr. »

AUGUSTIN COCHIN

LA RÉVOLUTION ET LA LIBRE PENSÉE

Un volume in-8° écu . . . . 15 fr. »

J. GERMAIN et STÉPHANE FAYE

LE NOUVEAU MONDE FRANÇAIS

MAROC - ALGÉRIE - TUNISIE

Un volume in-16 . . . . 7 fr. 50

COLLECTION

LES PROBLÈMES D'AUJOURD'HUI

Série : HOMMES & IDÉES

Publiée sous la direction de E. LEMONON et A. DE TARDE

JACQUES BARDOUX

J. RAMSAY MACDONALD

Un volume in-16 . . . . 5 fr. »

PLON-NOURRIT & Cie, IMPRIMEURS-ÉDITEURS

R. C. Paris 75 638 8, RUE GARANCIÈRE, PARIS, 6e

Imp. Dubois et Bauer, Paris.

www.ingramcontent.com/pod-product-compliance
Ingram Content Group UK Ltd.
Pitfield, Milton Keynes, MK11 3LW, UK
UKHW021011180726
13838UKWH00004B/1515